医療機関の経営力
事業性評価の基礎

青山竜文 =著
Tatsufumi Aoyama

Future Management and
Strategy for Hospitals

一般社団法人 **金融財政事情研究会**

はじめに

　本書のテーマは医療機関にとっての「経営力」である。現在、医療の現場では施策の流れを含め非常にさまざまな動きがあり、2000年代に入って以降も変化を続けてきた。この動きは「2025年」を経て、2030年以降も継続するものと思われる。特に、役割分担というテーマの一方で、各々の医療機関がある程度、機能の絞り込みを図っていく必要があるという点では、さまざまな判断が求められてくる時代である。

　こうした変化のなかで、その舵取りを行っていくという意味で、「経営力」はきわめて大きなテーマである。当然ながら「医療の経営」は一般企業の経営とは大きく異なる。医療法人は非営利性を原則としており、そもそも利益や配当を生み出すことが事業体の目的ではない。ゆえに収益性とリンクした経営指標「だけ」をベースに経営を行うことは合理性に乏しい。

　一方で、「質の高い医療」を生み出すために、人材を集め、組織を効率的に機能させ、次の展開を行うための蓄えをつくっていくことはきわめて重要であり、これはまさに「経営」マターである。

　本書では、医療経営の定性的要素をできるだけデータなどを用いて可視化するとともに医療における経営力をさまざまな角度から考察している。ここでシェアをしていく見方が、某か医療機関の方々の「自らの俯瞰」に役立てば幸い、という思いである。

　同時に、本書は医療機関を顧客としている金融機関やサービス提供を実施している方々に、医療機関が抱えている課題や目線感などをシェアしていただき、付加価値のあるサービス提供を行うための基礎材料となればと考えている。

　2017年2月に刊行された『営業店のための医療・介護向け取引推進事典〔第2版〕』において、筆者もその一部の執筆・校閲を手伝わせていただいた。本書はその事典内容ともリンクしつつ、特に金融機関にとって近時重要なテーマとなっている「事業性評価」という観点を一つの補助線として入れ

させていただいた。単に「分析」を行うだけでなく、いかに付加価値のあるサービスを提供するか、そしてそのことで事業者や産業を伸ばしていくことができるか、という点が大きなテーマとなっているわけである。個別性も強い世界ゆえ、個々の医療機関に対する高付加価値サービスのラインナップを示すことは正直できないのだが、そうしたサービスを考えていくうえでの基礎材料を本書で提示していくことができれば、という思いで、サブタイトルを「事業性評価の基礎」とさせていただいている。

なお、筆者は2006年以降、医療機関向けの融資業務・分析業務にかかわってきており、そのなかで感じてきたことを本書のさまざまなポイントで落とし込んではいるが、その見方自体は組織としての見解ではなく、あくまで個人としての見解であることをお断りしておきたい。

それでは、本書で示していく視点が、医療機関・金融機関という二つの異なる機関の対話をより色濃くさせることを願いつつ、話を始めていくこととしたい。

2017年3月

青山　竜文

目 次

第1部 分析の視座（その1）―主に集患の観点から―

第1章 医療の収入構造分析

1 収入の観点 …………………………………………………………… 3
　⑴ 「増収」の構造（入院）………………………………………… 5
　⑵ 「増収」の構造（外来）………………………………………… 9
　⑶ 全体の流れ ……………………………………………………… 11
2 事業性評価の観点 …………………………………………………… 14
　⑴ 事業性評価について …………………………………………… 14
　⑵ 本章における「事業性評価」的視点 ………………………… 15

第2章 地域医療構想と地域包括ケアシステム

1 地域医療構想 ………………………………………………………… 17
2 地域包括ケアシステム ……………………………………………… 22
　⑴ 在宅医療 ………………………………………………………… 23
　⑵ 介護（施設・居宅）…………………………………………… 25
　⑶ 住まい（たとえば「サ高住」）………………………………… 32
　⑷ 連携支援の流れ ………………………………………………… 33
3 事業性評価の観点 …………………………………………………… 35

第3章 需給の見方（狭い領域と広い領域）

1 半径5km程度の領域で考える ……………………………………… 42
2 広い領域で考える …………………………………………………… 46
3 事業性評価の観点 …………………………………………………… 52

目　次　iii

第2部 分析の視座（その2）―コストと設備投資の観点から―

第4章 事業収支の構造を考える（費用の観点）

1 近時の収益動向 ……………………………………………………… 56
2 人件費関連 …………………………………………………………… 57
3 材料費関連 …………………………………………………………… 64
4 委託費関連 …………………………………………………………… 67
5 簡易総括 ……………………………………………………………… 68
6 事業性評価の観点 …………………………………………………… 69

第5章 設備投資に関する見方

1 「再投資可能な医療」再訪 ………………………………………… 72
2 医療機関のバランスシート ………………………………………… 73
　(1) 投資の側面 ……………………………………………………… 73
　(2) 借入れの側面 …………………………………………………… 77
3 事業性評価の観点 …………………………………………………… 81
　(1) 近時の建築動向 ………………………………………………… 81
　(2) 金融機関のあるべきスタンス ………………………………… 81
　(3) 設備投資に関する「経営力」 ………………………………… 84

第3部 経営力のあり方

第6章 医療機関の特性に即した経営力

1 「経営」のあり方 …………………………………………………… 88
2 「専門性」という領域 ……………………………………………… 90
3 「一歩先や半歩先をみる」経営 …………………………………… 93

| 4 | 事業性評価の観点 | 95 |

第7章　経営管理上の着目点

1	数字と現場の話	97
⑴	金融機関の立ち位置について、など	97
⑵	「現場への落とし込み」百考	98
2	管理スタッフの力	101
3	事業性評価の観点	102
⑴	数字の管理を行い、還元していく際のポリシー	103
⑵	管理した数字を現場に落とし込むための工夫	103
⑶	上記を実践する管理スタッフの存在（および努力それ自体）	103

第4部　経営力のこれから

第8章　経営改善とモニタリング

1	事業乖離のポイント	106
⑴	収　入　面	106
⑵	費　用　面	110
⑶	設備投資関連	113
⑷	そのほかの側面	114
2	経営改善	114
3	モニタリング	117

第9章　医療機関の連携について

1	医療の地域分布	119
⑴	医療人材の分布状況	119
⑵	「病床機能」に関する地域状況	127

（3）	「在宅医療」施設の分布 …………………… 130
（4）	「電子化」の現状と課題 …………………… 132
2	各地での課題対応状況 ………………………… 134
（1）	各地の分布状況の背景 ……………………… 134
（2）	エリア特性の大まかな把握 ………………… 136
（3）	対処の方向性 ………………………………… 138
（4）	まとめ ………………………………………… 140

第10章　経営的な観点からみた「医療機関と介護分野」

1	医療機関と介護関連の一般論的関係性 ……………… 142
2	介護に関する動向 …………………………………… 144
（1）	介護分野のデータ概要 ……………………… 144
（2）	介護分野の収支概要 ………………………… 145
3	今後の課題 …………………………………………… 153

　おわりに ………………………………………………… 162

第 1 部

分析の視座（その1）
―主に集患の観点から―

　本書では、ある程度データに沿ったうえで、医療経営の分析を行い、後段に進むにつれて「経営力」とは何かについての考察を深めていければと考えている。そのなかで、個々の医療機関にとって、どれだけの「患者を集められるか」が経営の根幹であることから、第1部では「集患」という観点を中心に、実際の集患状況、制度の動向、エリア内・外のバランスなどにつき触れていきたい。

第1章 医療の収入構造分析

　まず、本章では、医療分野の収入がどのように推移してきたか、を整理していきたい。筆者は、これまで継続的に医療分野に関する損益やバランスシートの動きをみてきたなかで、損益構造が比較的大きく動く業界であるという実感を得ている。医療法54条にうたわれているように、医療に関する原則は「非営利」である。ゆえに、基本的には「利益計上」できないものとして斯業をみる業界外の方も多いかと思う。しかし、実際には過去（1990年代まで）における利益率の高さは他業界を上回る部分も多く、一方、近時の収益性の低下時には、その低下度合いは逆に他産業を上回るかたちとなっている。

　この要因を一つひとつ分解しながらみていくことが、本書の一つの肝でもあるのだが、実際に重要なのは、**「分解」することではなく、その「バランス」をみることである**。何がどうバランスをするのかに留意しながら、売上げ・費用・設備投資等、各項目の数字をこれからみていきたい。

　なお、医療機関の収益推移という意味では、（一社）全国公私病院連盟、（一社）日本病院会「病院経営実態調査報告」（以下「実態調査」）および「病院経営分析調査報告」（以下「分析調査」）または厚生労働省「病院報告」（以下「病院報告」）などのデータを用いていくが、本書は非常に限定的な公開情報に基づいて分析を行うため、サンプル数の変動による影響をある程度無視して議論していく側面がある。その点については、折に触れて留意事項としてもクローズアップするが、まずは全体的エクスキューズとして申し添えておきたい。

1 収入の観点

　まず、収入（＝売上高）という、ある意味、いちばん実感とそぐわない点から入っていこう。つまり、**医療機関の売上高が平均値としては上昇し続けている**、という点である（図表1－1）。

　この表をみるとわかるように、入院・外来ともに1医療機関当りの平均的な売上高は右肩上りとなっている。

　これは図表1－2でみてとれるとおり（便宜的に「医科診察医療費」という区分がとれる2008年以降の数字をとっている）、国民医療費が年々上昇し続けているという観点からいえば、マクロ的視点での違和感はないのだが、おそらく医療機関に従事される方にとっても、日々医療機関と接している金融機関の方にとっても不思議に感じられる点ではないだろうか。

　というのも、実際に医療機関の方々とディスカッションをしてきた方ならわかると思うのだが、病院という業態は病床数が増えるわけではなく、競合も一定以上あるため、右肩上りに患者数を伸ばすのは容易ではなく、特に入院の入り口の一つである「外来」についていえば、病院経営を意識すればするほど「抑制的にしよう」という方向にも動くものである。

　また、スタッフが一定数存在していなければ、そもそも対応患者数が増えても対応がむずかしいわけだが、その確保を問題なくできる病院というのは非常に限られている。少なくとも「医師が余っている」という話を聞くケースはきわめて限定的であろう。看護師についても同様である。

　こうした話が日常的なコミュニケーションから多々出てくるにもかかわらず、「毎期増収が続く構造にある」という事実が非常にユニークにみえるわけである。ということで、まずはどのようなかたちで「増収基調」となっているのかをみていこう。

図表1−1　1床1カ月当り収益

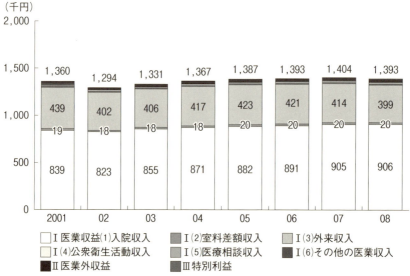

（資料）（一社）全国公私病院連盟、（一社）日本病院会「病院経営実態調査報告」より作成

図表1−2　医科診察医療費

（資料）厚生労働省「国民医療費」より作成

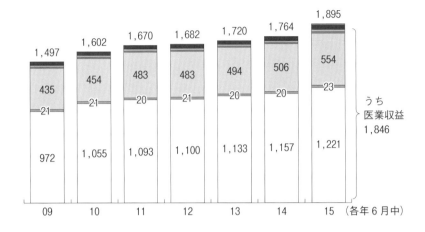

(1) 「増収」の構造（入院）

　病院の売上高の中身は大きく分けると、「入院」「外来」「検査」「その他」という区分になってくるだろう。非常にざっくりとしたかたちだが、そのうち「入院」が3分の2、「外来」が3分の1というイメージになる（当然ながらこれは病院により異なる部分も多々あるのであえてざっくりと整理している）。

　そして、その各々の収入は、「延べ患者数×単価」という構造になっている。ところが、その延べ患者数にもう一つ影響を与える項目がある。これが入院における「在院日数」である。現状の制度（DPC等）に従っていえば、この日数が短ければ短いほど単価自体は上がる構図になる。しかし、「次に入る患者」がいない限り、延べの入院患者数は少なくなってしまうため、収益に関する掛け算の片側が低下するという構図にある。

　では、この「延べ患者数」や「在院日数」が実際にどのように動いている

かをみていこう。ここからは二つの統計値を並べてみていくが、当然ながらサンプル数も異なるものであり、かつ各々のサンプル数の変動幅も大きいことから、あくまで参考値という位置づけになる。

まず、図表1－3でわかるのは、「実態調査」における平均値としての「患者数の伸び」である。ここでは、先ほどの国民医療費の数字をふまえて、2008→2014年という動きで延べ患者数に関する数字をみていこう。

この数字は、総数平均でみると、この期間だけでも10.6％の伸びをみせている。「実態調査」における同期間での入院収入自体は27.7％の伸びであるから、寄与度という意味では（在院日数の短期化も含め）単価の伸びのほうが大きく、実際に「私的病院」（以下「民間病院」）や「そのほか公的病院」の伸び幅はさほど大きくはない。一方で、「自治体病院」の患者数の伸び幅は非常に顕著に出ているが、これを自治体病院の経営努力によるものとみるか

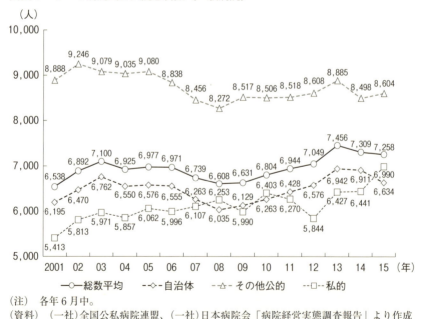

図表1－3　1病院当り入院患者数（一般病院）

（注）　各年6月中。
（資料）　（一社）全国公私病院連盟、（一社）日本病院会「病院経営実態調査報告」より作成

どうかは判断がややむずかしいところである。

　図表1－4をみるとわかるとおり、「病院報告」では一般病床における「延べ患者数の減少」が如実に現れている。「病院全体」の患者数は減少しているにもかかわらず、個々の医療機関の患者数がもし本当に増加しているとすると、それはその患者を受け入れる病院数が減少しているなかでしかありえない。

　サンプル数が違うので「実態調査」でみえてくる話を直接リンクさせることはむずかしいのだが、「病院報告」での在院患者延べ数が2008→2014年で▲4.3％の減少となるなか、「病院報告」における病院施設数自体は▲3.4％程度（2008年8,794施設→2014年8,493施設）となっている。このデータに加え、継続して存在している病院は病床規模等が大きいこと、を考えると、入院に関していえば**存続している医療機関の役割が大きくなっており、個々の医療機関には「平均すれば」患者が集まってきている**、ということはある程度いえそうである。

図表1－4　在院患者延べ数（一般病院）

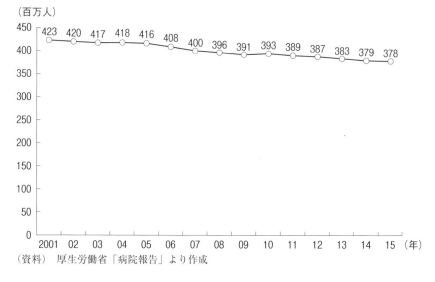

（資料）　厚生労働省「病院報告」より作成

図表1-5　平均在院日数（一般病院）

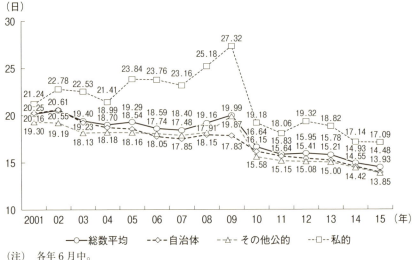

（注）　各年6月中。
（資料）　（一社）全国公私病院連盟、（一社）日本病院会「病院経営分析調査報告」より作成

図表1-6　平均在院日数（一般病院および一般病床）

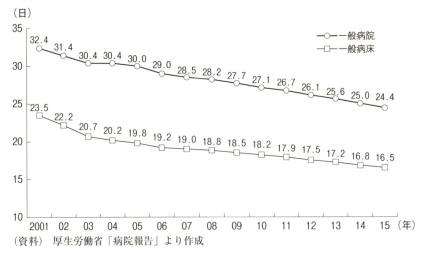

（資料）　厚生労働省「病院報告」より作成

さて、それでは入院という項目において重要な「平均在院日数」はどのように推移しているだろうか。これについていえば図表1－5、1－6を比較してもあまり大きな違いはない。

　逆にいえば、「分析調査」において在院日数自体は2割程度短くなるなかで、入院患者数が10％増えているということは、実際の新入院患者数は10％を大きく上回るわけであり、個々の医療機関としてみた場合の、現場の繁忙度の増加は非常に厳しいものだと思われる。病院報告でみた場合、この減少幅は多少緩和されるが、全体の動向はおおむねここで記載のとおりである。

　また、平均在院日数の短期化のなかで、全体の入院収入増に対しては「単価の上昇」という側面も大きな影響を及ぼしているものと思われる。先ほど述べたように、延べ患者数の伸びを上回るかたちで入院収入自体は伸びており、単価の増加幅が収入増を牽引している要素は大きい。ただし、これが診療報酬改定の影響によるものか（当然ながら、近時は平均値としてはマイナス改定が続いている）、在院日数の短期化によるものか、などは非常に判別がむずかしいものであり、この時点ではあくまで「入院における単価の上昇傾向」が個々の医療機関の増収要因の大きな背景となっていることを触れるにとどまりたい。

　なお、現実の医療経営の分析、特に総合病院に関する分析については診療科ごとの分析を行っていくことが重要であるため、あくまでここでは「全体感」をみるために数字の動きを拾っていることに留意されたい。

(2)　「増収」の構造（外来）

　さて、施策の流れで通底しているのは「在院日数の短期化」という方向性だが、これは同時に**外来患者数の増加圧力**となる部分もある。

　では、実際に外来の流れはどのようになっているだろうか。あらためて図表1－1に戻ると入院同様、医療機関の収入全体としては順調に伸びている。ただし、2001年以降の長いスパンでみると、必ずしも右肩上りの伸びになっているわけではない。このあたりは、サンプルの入れ替わりなども多々

図表1-7　1病院当り外来患者数（一般病院）

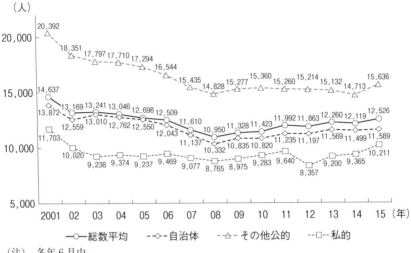

(注)　各年6月中。
(資料)　(一社)全国公私病院連盟、(一社)日本病院会「病院経営実態調査報告」より作成

図表1-8　外来患者延数（一般病院）

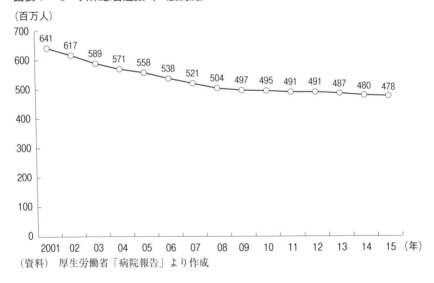

(資料)　厚生労働省「病院報告」より作成

10　第1部　分析の視座（その1）―主に集患の観点から―

影響しているものと推測される。ただしこのデータでも2008年を底として、毎期順調に伸びている状況は明らかである。

国民医療費（図表1－2）においても、個々の医療機関の伸びよりは緩和されるものの、病院部門の「入院外収入」は順調に伸びている。なお、病院の外来増収率は診療所の外来収入増と比較しても大きく、このことは患者側の「大病院志向」の一つの表れともいえるのではないだろうか。

それではその内訳をみてみよう。数的増加がそのまま収入増に直結しているものとも思われるが、実際には図表1－7、1－8をみると外来数の増加よりも収入増の幅のほうが大きい。外来に検査などの項目も含まれていると考えると、大病院などで患者が増え、検査なども含めて単価も増えている、という構図も推測しうる。

ここで主要な「検査」や「透析」に関する患者数の推移を図表1－9に参考まで載せておこう。総論としては「外来単価増」という仮定は置きにくいため、ここでみるような幾つかの事象が入院外の収入増を牽引しているのではないか、と推測される。

ただし、外来の役割を考えると、ここからいかに入院を含めた治療行為につながるか、が重要であり、外来で稼ぐことや、外来が繁忙になることは病院自体が望むことでもないので、こうした増収は現下の病院経営においては付加的なものではあろう（もちろん、日帰り手術などが増加し、ということもあるだろうが、それが全体の大幅押し上げにまでつながっているかは不明である）。

(3) 全体の流れ

ここまでみてきたとおり、入院・外来ともに、個々の医療機関にとっては、やはり増収傾向が続いており、これについては、医療機関の経営努力と、各々の役割自体の向上、という両方の側面が絡み合っていると考えるのが、やはり自然であろう。

それにもかかわらず、「全体としては患者が増えていないように思う」という医療機関も少なからず存在している。それは「在院日数の短期化」を遵

図表1-9　検査患者数と人工透析件数

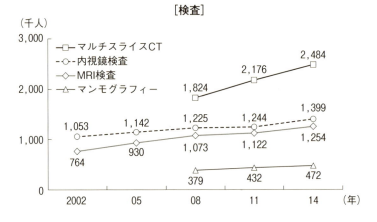

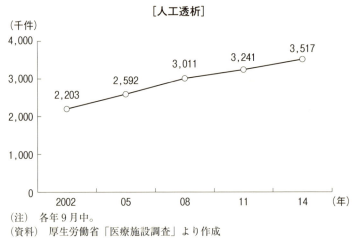

（注）　各年9月中。
（資料）　厚生労働省「医療施設調査」より作成

守するなかで、それでも稼働を維持するという非常に困難な対応をしているがゆえの状況と思われ、わかりやすく「右肩上り」というかたちにはどの医療機関もなっていないのが実情であろう。そして、こうした状況を生み出すために、各医療機関はいかにコストをかけてきたか、という話とも密接につながるものである（第4章にて詳述）。

図表1-10　診療報酬改定率

(単位：％)

年.月	1990.4	1992.4	1994.4	1994.10	1996.4	1997.4	1998.4	2000.4
医科	4.0	5.4	3.5	1.7	3.6	1.31	1.5	2.0
歯科	1.4	2.7	2.1	0.2	2.2	0.75	1.5	2.0
調剤	1.9	1.9	2.0	0.1	1.3	1.15	0.7	0.8
平均	3.7	5.0	3.3	1.5	3.4	1.25	1.5	1.9
年.月	2002.4	2004.4	2006.4	2008.4	2010.4	2012.4	2014.4	2016.4
医科	▲1.30	0.0	▲1.50	0.42	1.74	1.55	0.82	0.56
歯科	▲1.30	0.0	▲1.50	0.42	2.09	1.70	0.99	0.61
調剤	▲1.30	0.0	▲0.60	0.17	0.52	0.46	0.22	0.17
平均	▲1.30	0.0	▲1.36	0.38	1.55	1.38	0.73	0.49

(資料)　厚生労働省「平成25年度国民医療費」「平成28年診療報酬改定の概要」等をもとに筆者作成

　なお、(1)および(2)に関する「全体感」を考えるうえで避けて通れないのが、医療行政の動向である。定性的な側面は、第2章以降で触れていくことにするが、診療報酬改定動向の推移だけ図表1-10でまとめておきたい。
　この推移からわかるとおり、基本的には急性期病院の役割強化を行いつつ、この期間で進行してきた高齢化環境のなかで、医療費の抑制を一定範囲内に抑えるという大命題に対応してきた歴史、ということがいえる。
　そのなかでも象徴的なのが、図表1-4にみられる全体としての「在院患者延数」の低下という側面であろう。もちろん、これを疾病ごとにみていくと違う姿がみえてくると思われるが、総じていえば、これをどのようなかたちで実現してきたか、というプロセスが重要であり、こうした「施策をふまえた各病院のアクション」については今後も本書のなかで立ち戻っていくことになるだろう。

2　事業性評価の観点

(1)　事業性評価について

　さて、ここまではまず収入についての簡単な動向をみてきたが、ここで「事業性評価」という概念を補助線として入れていきたい。

　事業性評価は、2014年以降、安倍内閣が掲げている「日本再興戦略」等の流れのなかで、金融行政の方針として**「産業全体や取引先企業の課題・ニーズの的確な把握等を踏まえた事業性評価を実施し、我が国経済の持続的成長や地方創生に貢献することを促す」**という基軸から、金融機関における取組推進が求められているものである。

　その「事業性評価」という概念のなかでは、実際の行為として、図表1－11のような要素が重要になってくる。

　本書では、図表1－11の概念に沿いつつも、「産業全体や取引先企業の課題・ニーズの的確な把握等」という事業性評価の「基礎」となる部分を各章で可能な範囲において整理をしていきたい。かつ、産業動向や課題・ニーズに関する「全体」の流れが本書の主題でもあり、一方で「個々に対する提案」というのは個別性が強い話でもあるので、あくまで**どのような視点で「課題・ニーズを見極めていくか」**というサジェストを各項目に沿って整理をしていくこととしたい。

図表1－11　事業性評価概要

1）　企業価値を向上させるソリューションの提案
2）　成長資金の供給
3）　産業の新陳代謝の促進
→　顧客・市場をセグメントしたうえでの営業提案
→　競争力の評価・ライフステージごとの提案

(2) 本章における「事業性評価」的視点

　本章でまとめている「収入が伸び続けている」という状況の意味を考えることは、「市場がどうなっているのか」という分析そのものである。

　そもそも病院という業態は、病床数が増える蓋然性は低く、競合も一定以上あるため、個々の病院との議論において「増収」をどの程度前提にするのかは金融機関の人間にとって判断が相当むずかしい部分である。

　「○○の理由で毎期このように大変である」という話や、「○○の結果により今期はこのような成果を出せた」という話が医療機関側から多々あるわけだが、一方で、「市場は伸びているので、増収自体は自然なこと」という議論は皆無かと思われる。それはなぜであろうか。

　その理由として、**増収の要因が「在院日数の短期化に伴う単価向上」の場合、現場が「より人材を要する」構図となっていること**があげられよう。たしかに在院日数が短期化しても患者数が維持できる環境にある医療機関というのは、立地も含めいろいろな意味で恵まれている可能性が高い。しかし、最終的には集患を実現するためのリソース投入とバランスしていることが重要なわけで、簡単に利益というかたちでの「余剰」が生み出せる環境にはない。同時に、どの程度、その病院が「自然」に患者を増やせるか、また実際に運営として回すためにどれほどのリソース投入が必要か、も「予測」することがむずかしいのも事実である。

　一方で、医療機関側も、「延べ患者数」自体は大幅には増えていないケースも多いので、成長の実感が得にくい。そして、上記と同じことであるが、リソース投入によるコスト高が収益を圧迫している可能性も高く、その意味では「増収」だけで喜ぶという環境にはなりにくい。

　また入院以外の増収要因でいえば、「外来の増加」という要因もあるわけだが、これも医療機関にとっては「役割分担の強化」というなかではある程度抑制的にもっていきたい側面がある。ゆえに、「外来増を要因に増収」という話は医療機関にとってあまり声高にはいいにくい部分である。

もちろん、新規のプロジェクトを立ち上げるなかで、きっちりと想定の患者数が得られたかどうか、という意味で「増収」が語られることはおおいに望ましいわけだが（注）、医療機関全体が「業界が伸びているので、自然増としての増収を前提に議論する」ことが実際にあまり起こらない理由をここでは述べてきた。

（注）　ただし、この場合も、医療機関の場合、病床規制という制約もあるし、また医師確保という課題もあるなかで、既存の機能を転換しながら、新たな取組みを行っているケースが多いため、その機関全体としてみた場合、そのプロジェクトが増収要因となっているか、既存事業の穴埋めに至っているか、という点では、一概に評価を行うことがむずかしい場合も多々ある。

　さて、こうした環境のなかで、「事業性評価」という視点について考えた場合、「伸びているにもかかわらず、あまりそれが所与としても語られず、事業者にも実感が乏しい」という点を基礎に考えていくことが、他産業との大きな違いとして出てくるかと思われる。

　そのなかで、金融機関が某かの付加価値を顧客である医療機関にもたらしていくためには、医療機関と目線感をきちんとあわせていく必要がある。そうした意味では、本章においては以下の３点をポイントとして述べておきたい。この背景として、繰り返しになるが、増収という実感をもちにくい業態であるゆえに、その要因をしっかり把握しておくことが重要、ということである。

課題・ニーズ見極めのためのポイント

　何が増収を支えているのかを「個々の医療機関」に即して考えてみる。
① 　在院日数短期化や手術増に伴う「単価増」要因が大きいか。
② 　「患者数の（維持および）増加」という要素が大きいか、その理由は何か。
③ 　「外来」はどのような状況か。伸びている場合、その牽引役は何か。

第2章 地域医療構想と地域包括ケアシステム

　第1章ではまず「医療経営の概況」を収入という側面からみたが、本章では、現下の医療経営に大きな影響を及ぼしている「地域医療構想」と「地域包括ケアシステム」の概要を説明しておきたい。この点をしっかりと理解しておくことが、収入、費用、設備投資など第4章以降で説明する各々の項目にも重要なかたちでリンクしていく。

1　地域医療構想

　地域医療構想は、その名が示すとおり、地域ごとに医療計画を作成するにあたり、その将来需要に応じて医療体制の再構築を検討していくことを想定したものである。その議論の進め方は、図表2－1のようになっており、2016年度中にその全容がみえてくることとなるだろう。

　地域医療構想においては、その構成要素として地域ごとの「需要予測」を都道府県が実施するため、個々の医療機関にとっても全体の動向をみていくうえで重要な情報になってくるであろう。

　さて、ここで少し解説をしておきたいのが「二次医療圏」という概念である。これは医療行政のエリア的区分で、医療法に基づき策定される医療計画の単位となる区域の一つで、主として「病院における入院医療を提供する体制」確保のためのものであり、日本全国で約340の医療圏が存在している（多くの二次医療圏は複数の市町村により構成されている）。

　今回の地域医療構想では、この二次医療圏を原則としつつ構想医療圏ごと

図表2−1　地域医療構想に関する話の進め方

【策定プロセス】

1　地域医療構想の策定を行う体制の整備（注1）
↓
2　地域医療構想の策定および実現に必要なデータの収集・分析・共有
↓
3　構想区域の設定（注2）
↓
4　構想区域ごとに医療需要の推計（注3）
↓
5　医療需要に対する医療供給（医療提供体制）の検討（注4）
↓
6　医療需要に対する医療供給をふまえ必要病床数の推計
↓
7　構想区域の確認
↓
必要病床数と2014年度の病床機能報告制度による集計数の比較
↓
8　2025年のあるべき医療提供体制を実現するための施策を検討

（参考）　策定後の取組み

毎年度の病床機能報告制度による集計数
＋（比較）
地域医療構想の必要病床数

構想区域内の医療機関の自主的な取組み
＋
地域医療構想調整会議を活用した医療機関相互の協議
＋
地域医療介護総合確保基金の活用

↓

実現に向けた取組みとPDCA

（注1）　地域医療構想調整会議は、地域医療構想の策定段階から設置も検討。
（注2）　二次医療圏を原則としつつ、①人口規模、②患者の受療動向、③疾病構造の変化、④基幹病院までのアクセス時間等の要素を勘案して柔軟に設定。
（注3）　4機能（高度急性期、急性期、回復期、慢性期）ごとの医療需要を推計。
（注4）　高度急性期…他の構想区域の医療機関で、医療を提供することも検討（アクセスを確認）
　　　　急性期…一部を除き構想区域内で完結
　　　　回復期
　　　　慢性期　…基本的に構想区域内で完結
　　　　｝主な疾病ごとに検討

　　　　現在の医療提供体制をもとに、将来のあるべき医療提供体制について、構想区域間（都道府県間を含む）で調整を行い、医療供給を確定。

（資料）　厚生労働省「地域医療構想策定ガイドライン等に関する検討会報告書」（平成27年3月31日）

にどのようなかたちで医療需要が推移していくかがわかるという点で考えると、こうした情報が公的なかたちで提供されていくことは、さまざまな意味で望ましいことといえるだろう。

　現時点で公表されている地域医療構想に基づき、今後の需要予測をみていくとさまざまなことがわかる。地域ごとの課題を整理するのは本書の紙幅を超えるので割愛するが、これらの数字をみてわかるのは、**各地で「現状の病床数」のバランスと、「今後の需要動向」との間にギャップがある**という点である。実際、2015年時点での「病床機能報告」における全国での各機能別の病床数と、その6年後の数字を比較したのが、図表2－2である。

　実際には地域医療構想で示される2025年の想定される各病床の需要は、この6年後の数字（2021年）でファインチューニングされているレベルよりも強く、病床のスライドが必要となるものが多い。全国レベルでみても、その移行には一定のアンバランスさが生ずるものと推測される。特に回復期リハの絶対数の不足などは、ポイントの一つとなるであろう。

　そもそも現在の大きな病床構成の流れは、俗にいう「2025年モデル」（図表2－3）という枠組みのなかでの話である。「2025年モデル」という通称で示されるイメージは、基本的には2025年という「団塊の世代」が皆75歳を超えるタイミングにおいて、その時のあるべき病床構成の姿を示したものである。

　こうした2025年モデルなどを視野に入れつつ、各地域で積み上げられた数字に基づき、より精緻に地域ごとの対応指針を定めていくのが「地域医療構想」となる。

　この全体的な方向感と、実際に各地におけるファインチューニングがどのように行われていくか、という点が今後の大きなテーマになっていく。特にポイントとなるのが、こうした**都道府県「全体」、地域「全体」の議論に対して、どのように個別の医療機関が対応していくか**、という点である。これは非常にむずかしい点でもあり、次項の議論とあわせて3で触れていきたい。

図表2－2　機能別病床数

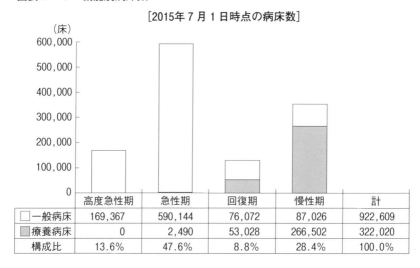

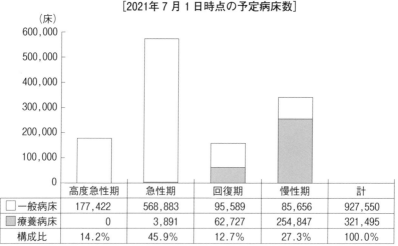

(注)　未回答の病床は集計から除いている。
(資料)　厚生労働省「平成27年度病床機能報告制度における病床の機能区分の報告状況【平成27年度末まとめ】」より作成

図表2−3　2025年モデル

[2010年の病床数]

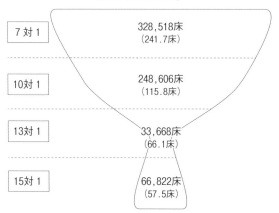

7対1	328,518床 (241.7床)
10対1	248,606床 (115.8床)
13対1	33,668床 (66.1床)
15対1	66,822床 (57.5床)

カッコ内は1医療機関当り平均病床数。保険局医療課調べ。

[2025年のイメージ]

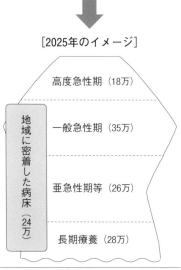

高度急性期（18万）
一般急性期（35万）
亜急性期等（26万）
長期療養（28万）

地域に密着した病床（24万）

○届出医療機関数でみると10対1入院基本料が最も多いが、病床数でみると7対1入院基本料が最も多く、2025年に向けた医療機能の再編の方向性とはかたちが異なっている。

（資料）　中央社会保険医療協議会総会資料（平成23年11月25日）

2　地域包括ケアシステム

　地域医療構想の議論は、「病院」に関する再編の議論でもあるわけだが、病院自体の機能がいまよりもある程度絞り込まれていく、という構図は明らかであり、そのなかで病院では対応できない高齢者などに対する受け皿がどうなるか、という点も大きなテーマとなる。

　このなかでクローズアップされてくるのが、「地域包括ケアシステム」である。そもそも地域包括ケアシステムという概念自体は、「地域医療構想」よりもさらに以前からスタートしている概念である。「住み慣れた地域で自分らしい暮らしを人生の最後まで続けることができるシステムづくり」として、住まい・医療・介護・予防・生活支援が一体的に提供されることを目標とする仕組みであり、その概念図は図表2－4のようなかたちになっている。

図表2－4　地域包括ケアシステム（イメージ）

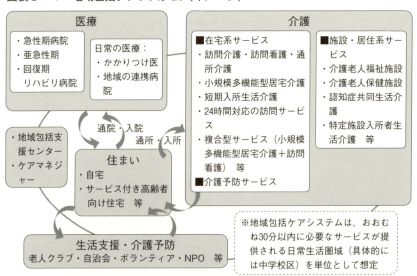

（資料）厚生労働省ホームページをもとに筆者作成

この概念は図示されているように、「自宅」「病院」「介護」「予防」という概念が組み合わされているものであり、それぞれの機関がどのような役割を果たすかは重要な話となる。

　とはいえ、それぞれの規模感や機能がある程度明確になってこないことには、特に金融機関のような第三者からはそのバランスがみえないだろう。そこで、ここではその各々の機能についての外形的な話を少し掘り下げてみたい。

(1) 在宅医療

　まず、医療における「在宅医療」とは主にどういったもので、金額的には

図表2-5　在宅医療サービスの実施件数

	医療保険等による					
	往診	在宅患者訪問診療	歯科訪問診療	救急搬送診療	在宅患者訪問看護・指導	精神科在宅患者訪問看護・指導
病院	14,438	123,557	9,304	5,535	26,660	104,064
一般診療所	193,114	948,728	11,584	3,351	49,231	25,915
合計	207,552	1,072,285	20,888	8,886	75,891	129,979

	医療保険等による			介護保険等による(含介護予防)		
	在宅患者訪問リハ指導管理	訪問看護ステーションへの指示書の交付	在宅看取り	居宅療養管理指導	訪問看護	訪問リハ
病院	11,231	53,335	829	46,610	80,458	171,580
一般診療所	10,508	119,407	8,167	332,894	32,757	77,077
合計	21,739	172,742	8,996	379,504	113,215	248,657

(注)　2014年9月中。
(資料)　厚生労働省「医療施設調査」より作成

どのような水準感になっているのだろうか。

在宅医療という言葉では、具体像がみえにくい部分もあるが、図表2－5でみられるように、実際にはいわゆる「往診」的な話が中心となる行為であり、これをどのようなかたちで提供していくか、というクリニックや病院側の努力が重要となってくる。

そのなかで、どのようなかたちでこの「在宅医療」が広がっていっているかをみてみよう。

図表2－6でみてわかるとおり、そもそも「在宅医療」自体、入院医療などに比べて金額規模が急速に拡大するという類いのものではない。

また、この在宅医療自体、現時点では「クリニック」主体のものである。

図表2－6　在宅医療費・訪問看護医療費

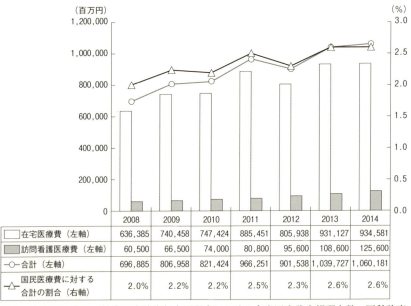

	2008	2009	2010	2011	2012	2013	2014
在宅医療費（左軸）	636,385	740,458	747,424	885,451	805,938	931,127	934,581
訪問看護医療費（左軸）	60,500	66,500	74,000	80,800	95,600	108,600	125,600
合計（左軸）	696,885	806,958	821,424	966,251	901,538	1,039,727	1,060,181
国民医療費に対する合計の割合（右軸）	2.0%	2.2%	2.2%	2.5%	2.3%	2.6%	2.6%

（注）　在宅医療費は、社会医療診療行為別調査における在宅医療診療報酬点数の医科診療報酬点数に対する割合を、国民医療費における医科診療医療費に掛けて算出した。医科診療医療費とは、国民医療費のうち、歯科診療医療費、薬局調剤医療費、入院時食事・生活医療費、訪問看護医療費、療養費等を除いたものである。
（資料）　厚生労働省「国民医療費」「社会医療診療行為別調査」をもとに筆者作成

これがどのようなバランスで各地に対応施設が存在しているかをみておきたい。

現時点での「在宅医療」の役割は、「病院」とは種別の異なるものであることは事実であり、診療所がどのようなかたちで対応をしていくかが重要ということがいえる。

一方、医療行為という意味では、「地域包括ケア」は、さまざまな観点で診療報酬改定に盛り込まれ、その名も「地域包括ケア病棟」という括りの病棟もでき、機能分化のなかで役割分担を意識せざるをえない状況にある。

ただし、「医療全体」でみると、いまだ「在宅」という概念で「看取り」まで含めて某かのかたちで病床機能に代替しうる状況にあるか、というと「絶対的な規模や機能」としては限定的であることがわかる。

もちろん、現在は施策を進める途中段階であることから、今後さらにこれが広がっていく可能性は高く、かつ、本書の趣旨も「その全体動向を見逃してはいけない」という思いではあるのだが、同時に現状もある程度把握をしておいたほうがよいであろう。

また、重要な点が「リソース」である。図表2－7においても、都道府県単位で相当な地域差が存在している状況はわかると思う。第9章ではこれをさらに深掘りすることになるが、二次医療圏ベースでみた際にはさらに差が生じてくる。そうした全体感のなかで、各医療機関の役割にあらためて立ち戻ることが重要となってこよう。

(2) 介護（施設・居宅）

次に地域包括ケアの幾つかの柱のうちの一つである「介護分野」の状況もみておこう。介護については、大きく分けて施設系・居宅系というかたちの区分に分けられる。いずれの区分も地域包括ケアとの関係性は深いものである。

もちろん介護自体、「地域包括ケア」という概念以前から独自の発展を遂げてきているため、全体のバランスのなかで役割がどのように変わっていく

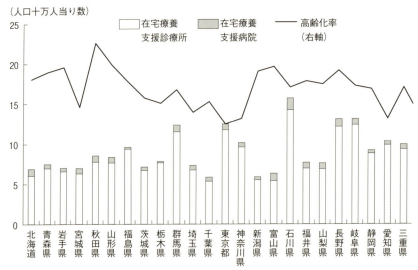

図表2－7　都道府県別在宅療養支援病院および在宅療養支援診療所

（資料）　厚生労働省「在宅医療にかかる地域別データ集」（平成28年）、内閣府「平成28年版高齢社会白書」をもとに筆者作成

かがポイントとなるだろう。

　介護分野と医療機関との関係でいえば、一義的には「患者の往来」という側面もある。同時にグループを形成している医療機関がグループ内で介護事業を行っているというケースも多々存在している。ただし、よくいわれるのは、特に急性期の病院にとって、「介護」は自身の管轄から相当程度の距離感がある、という話である。一方、今後「急性期」の役割が一定範囲に絞られ、どのように病院で対応できない高齢者などに対応していくかという議論が深まっていくなかでは、介護の役割もより重要になってくることから「この距離感をどう埋めるか」という点は重要である。

　とはいえ、介護自体は非常に範疇の広い話であるため、ここでは幾つかのポイントを述べておくにとどめたい。まず、介護費全体の推移は図表2－8のとおりであり、9兆円規模まで成長しているが、このなかでもいわゆる「居宅」系の介護は、介護における中心的役割を果たしており、（地域密着型

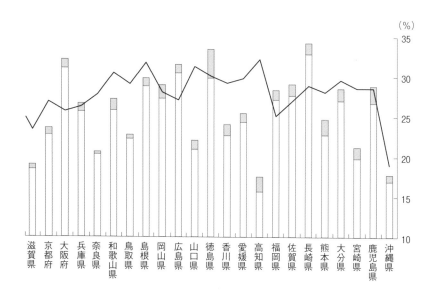

図表2−8　介護報酬費用

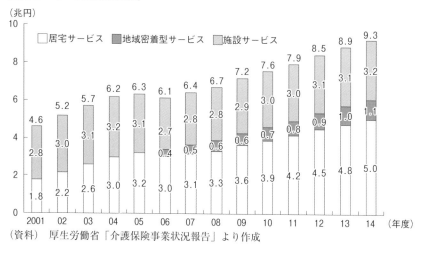

(資料) 厚生労働省「介護保険事業状況報告」より作成

第2章　地域医療構想と地域包括ケアシステム　27

図表2-9 要介護・要支援認定者数

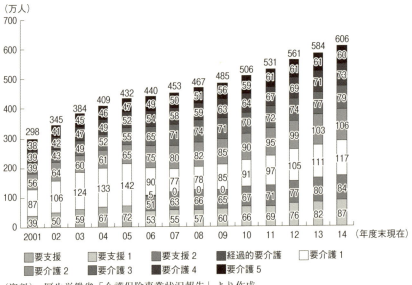

（資料） 厚生労働省「介護保険事業状況報告」より作成

を除いても）5兆円規模となっている。

　また、より重要な点が「要介護認定者数」の推移である。ここで図表2-9をみていくとわかるとおり、要介護2より軽度の認定者数は2006～2014年の間で1.4倍となっており、この増加幅の大きさはやはり重要なポイントである。

　そして、診療報酬同様、介護報酬についても非常にメリハリが強化されるかたちとなっている。具体的には図表2-10のとおりであるが、ここでも「在宅シフト」という点は明確になっている。と同時に図表2-11にも示してあるとおり、要介護2以下の部分については、①「介護予防・日常生活支援総合事業」への移行、②特別養護老人ホームの入居基準、という双方において、変化が打ち出されている（2015年度改定）。

　医療のなかで機能区分が重視されていくように、介護の世界でも重篤度に応じて対応が異なってきているわけである。

図表2-10　近時の介護報酬改定

介護報酬改定率▲2.27%（うち在宅▲1.42%、施設▲0.85%） →処遇改善加算＋1.65%、介護サービスの拡充＋0.56%、サービス単価▲4.48%
処遇改善加算：介護職員1名当り月額12,000円相当 　　　　　　（加算相当分は全額介護職員の処遇改善に充当）
定期巡回・随時対応型訪問介護看護をはじめとした包括報酬サービスの機能強化
※要支援対象の介護予防サービスの一部：単価やサービスの事業者を自治体が決定

訪問介護	訪問看護	通所介護
＋）中重度受入体制のある事業所 －）基本報酬	＋）中重度の要介護者の重点的受入れ 　　緊急時訪問看護加算などが一定割合以上実績のある事業所 －）基本報酬	＋）中重度者ケア体制加算　認知症加算　など －）小規模、介護予防（要支援1、2など）
グループホーム	特別養護老人ホーム（※新規入居は原則要介護3以上）	有料老人ホーム
＋）夜間支援体制加算、看取り介護加算 －）基本報酬	＋）看取り看護の体制構築 －）基本報酬	＋）サービス提供体制強化加算 －）基本報酬

（資料）　筆者作成

　当然重篤度の高い領域は、医療とのリンクも高くなり、そのなかでの医療機関の役割という部分も出てくる。一方で、重篤度の低い介護領域については「住まい」とのリンクが強まってくる。したがって、次に述べるサービス付き高齢者向け住宅などの位置づけも大事なものとなってくるだろう。

　また、介護分野でも「在宅医療」と同様、「地域差」がある程度目立つかたちとなっている。全体の施設数としては訪問介護、通所介護、訪問看護などが多いが、これらも幾つかの地域区分でみていくと地域ごとの差が大きい（図表2-12）。これは需要動向の差もさることながら、スタッフ数の地域差

図表2-11　介護予防・日常生活支援総合事業への移行

[2014年介護保険制度の改正の主な内容について]

①地域包括ケアシステムの構築

高齢者が住み慣れた地域で生活を継続できるようにするため、介護、医療、生活支援、介護予防を充実。

サービスの充実

○地域包括ケアシステムの構築に向けた地域支援事業の充実
　①在宅医療・介護連携の推進
　②認知症施策の推進
　③地域ケア会議の推進
　④生活支援サービスの充実・強化

＊介護サービスの充実は、前回改正による24時間対応の定期巡回サービスを含めた介護サービスの普及を推進
＊介護職員の処遇改善は、2015年度介護報酬改定で検討

重点化・効率化

①全国一律の予防給付（訪問介護・通所介護）を市町村が取り組む地域支援事業に移行し、多様化
　＊段階的に移行（～2017年度）
　＊介護保険制度内でのサービス提供であり、財源構成も変わらない
　＊見直しにより、既存の介護事業所による既存サービスに加え、NPO、民間企業、住民ボランティア、協同組合等による多様なサービスの提供が可能。これにより、効果的・効率的な事業も実施可能

②特別養護老人ホームの新規入所者を、原則、要介護3以上に重点化（既入所者は除く）
　＊要介護1・2でも一定の場合には入所可能

②費用負担の公平化

低所得者の保険料軽減を拡充。また、保険料上昇をできる限り抑えるため、所得や資産のある人の利用者負担を見直す。

低所得者の保険料軽減を拡充

○低所得者の保険料の軽減割合を拡大
・給付費の5割の公費に加えて別枠で公費を投入し、低所得者の保険料の軽減割合を拡大（※軽減例・対象は完全実施時のイメージ）
　＊保険料見通し：現在5,000円程度→2025年度8,200円程度
　＊軽減例：年金収入80万円以下　5割軽減→7割軽減に拡大
　＊軽減対象：市町村民税非課税世帯（65歳以上の約3割）

重点化・効率化

①一定以上の所得のある利用者の自己負担を引上げ
・2割負担とする所得水準は、65歳以上高齢者の上位20％に該当する合計所得金額160万円以上（単身で年金収入のみの場合、280万円以上）。ただし、月額上限があるため、見直し対象の全員の負担が2倍になるわけではない。
・医療保険の現役並み所得相当の人は、月額上限を37,200円から44,400円に引上げ

②低所得の施設利用者の食費・居住費を補てんする「補足給付」の要件に資産などを追加
・預貯金等が単身1,000万円超、夫婦2,000万円超の場合は対象外
・世帯分離した場合でも、配偶者が課税されている場合は対象外
・給付額の決定にあたり、非課税年金（遺族年金、障害年金）を収入として勘案
　＊不動産を勘案することは、引き続きの検討課題

○このほか、「2025年を見据えた介護保険事業計画の策定」「サービス付高齢者向け住宅への住所地特例の適用」「居宅介護支援事業所の指定権限の市町村への移譲・小規模通所介護の地域密着型サービスへの移行」等を実施

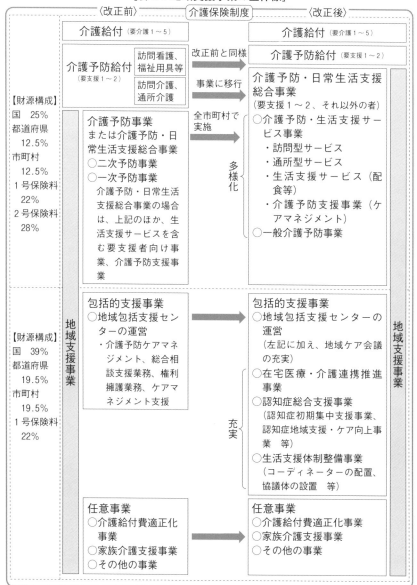

(資料) 厚生労働省「第58回社会保障審議会介護保険部会」資料(平成28年5月25日)

図表２−12　在宅介護施設数および従事者数（人口10万人当り）

	訪問介護	訪問看護ステーション	通所介護	訪問介護員（人）	看護師（人）
全国	26.4	6.2	32.5	156.4	23.1
あ：東京	23.8	5.8	25.1	143.1	22.7
い：指定都市・中核都市（注）	30.7	6.9	31.7	184.9	26.9
あ・い以外	24.2	5.8	34.4	140.8	20.8

(注)　地方公共団体の区分である「指定都市（人口50万以上の市のうちから政令で指定）」および「中核市（人口20万以上の市の申出に基づき政令で指定）」。
(資料)　厚生労働省「平成26年度介護サービス施設・事業所調査」、総務省「住民基本台帳に基づく人口、人口動態及び世帯数（平成27年１月１日現在）」をもとに筆者作成

によるところも大きいものと思料される。

(3) 住まい（たとえば「サ高住」）

(2)の流れで、次は高齢者住宅の整備状況を概観しておきたい。実際、高齢者住宅自体の整備は、ここ数年急ピッチで進んできた。そのなかの代表的な位置づけは、やはりサービス付き高齢者向け住宅（サ高住）である。

まず、その整備状況を以下でみておこう（図表２−13参照）。

当初の動きは非常に活発であったが、全体としては60万戸を整備せんとしているなかで、ペースが鈍化してきている。具体的な課題を幾つかみておこう。

まず、そもそもの「サ高住」の価格帯であるが、これは特養・老健という年金の範囲前後での価格設定のある施設と、有料老人ホームの中間というコンセプトにある。賃料水準自体は、地域や規格そのものにもよる部分は大であるが、競合の多いエリアでは、当初想定より若干低い賃料水準となるケースが多いようには思われる。同時に、建築単価の上昇という予測外のことが2014年後半以降起こっている（これについては第５章で後述）。

同時に、賃料そのものだけでなく付帯サービスにより収益水準の維持を想

定する事業者が多かったのだが、その利用率が想定とずれるケースも散見された。この点については、「住まい」というコンセプトと「介護」領域のリンクが簡単ではないことの証左ともいえるだろう。実際に参入事業者のバックグラウンドも多岐にわたっているため、本業が医療・福祉系の事業者と、そもそもディベロッパー系やサービス系の事業者で医療・福祉はあくまで委託でと考えている事業者では、施設運営に関してもコンセプトが大きく異なってくる。

そして、こうした「渾然一体」とした部分と、地域ごとの競合状況が複雑に絡んで、全体像がややみえにくくなっているのが現状であろう。

図表2－14でも都道府県別の状況を整理してみたが、この図表をみてもわかるとおり、地域ごとの差はかなりあり、増加ペースについてもきわめて都市型的な様相を呈している。

そもそも「在宅」というスタイルそのものがある程度都市型である側面が否めないなかで、一種の結節点である「高齢者向け住まい」も同じような動きを示していくのはやむをえない部分もあるが、都市と地域部で住まい面での高齢者への対応状況が異なってきてしまうというのも課題の一つといえるだろう。

(4) 連携支援の流れ

ここまで簡単に「在宅医療」「介護」「住まい」という観点で、地域包括ケアを構成する各種役割をみてきたが、**重要なのはこれらをどう「つなぎ合わせるか」である**。そうした意味で重要となってくるのは、「地域包括支援センター」などの動きであり、このあたりの取組みが各地域でどのように成果を出していくかが重要なポイントとなってくる（図表2－15参照）。

こうした直接的な支援センターに加え、たとえば「医療」側でいえば、「地域包括ケア病棟」がどのような役割を果たしていくか、「住まい」側でいえば、CCRCなどへの取組みがどのようなポジションを占めていくことになるか、施設整備についても「ヘルスケアREIT」がどの程度、こういった施

図表2-13 サービス付き高齢者向け住宅の登録状況

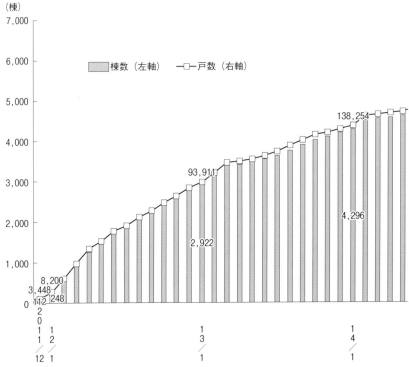

(注) 2016年10月末時点。
(資料) サービス付き高齢者向け住宅情報提供システムホームページ「サービス付き高齢者向け住宅登録状況」

設に対応していくか、などという点も気になるところである。とかく医療・介護分野は施策は多々存在しているので、そのなかで軽重を考え、またその実践状況をみて、同時に実際の業務で活用できるレベルでその動向を咀嚼することは本当に大変なことである。そうした意味では、「つながり」はすべてにおいて重要だが、まずは個々の状況をしっかりと理解するところから始めるほかないであろう。

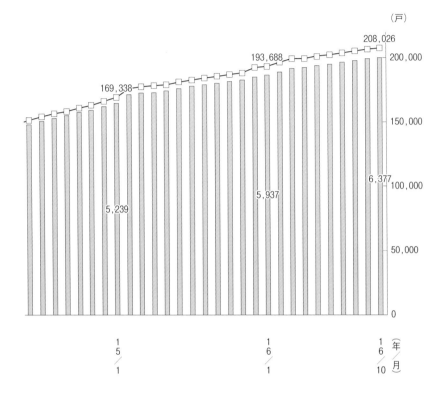

 事業性評価の観点

　本章で述べてきた「制度論」は、事業性評価の観点からいうと「市場をどう考えるか」という点に関する一種の「制約条件」でもある。そして、医療において、こうした制度マターが非常に大きな役割を占めていることは繰り返すまでもない。

　こうした「制度」の動向が経営へどう影響するか、という想定について

図表2−14　サービス付き高齢者向け住宅の都道府県別登録状況

[2012年10月末時点]

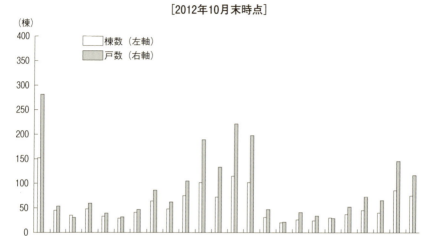

[2016年10月末時点]

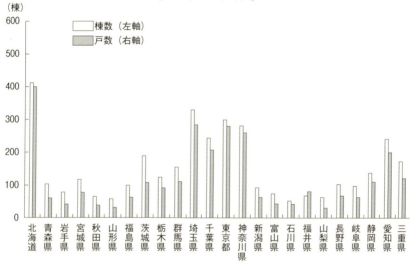

（資料）　サービス付き高齢者向け住宅情報提供システムホームページ「サービス付き高齢者向け住宅登録状況」

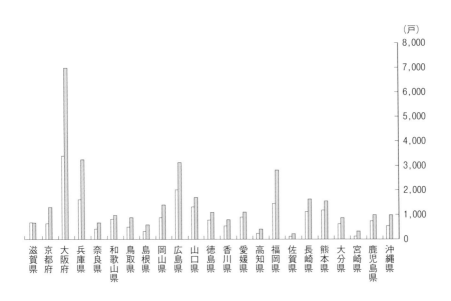

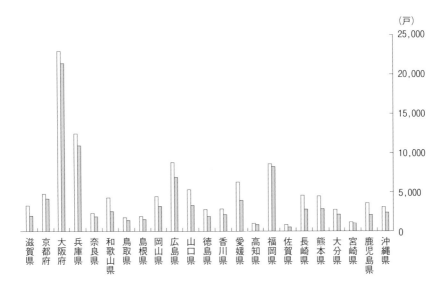

図表2−15　在宅医療・介護連携の推進

○医療と介護の両方を必要とする状態の高齢者が、住み慣れた地域で自分らしい暮らしを続けることができるよう、地域における医療・介護の関係機関（注）が連携して、包括的かつ継続的な在宅医療・介護を提供することが重要。
○このため、関係機関が連携し、多職種協働により在宅医療・介護を一体的に提供できる体制を構築するため、都道府県・保健所の支援のもと、市区町村が中心となって、地域の医師会等と緊密に連携しながら、地域の関係機関の連携体制の構築を推進する。

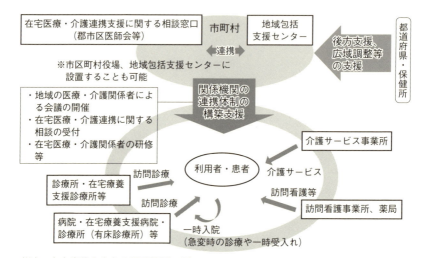

（注）　在宅療養を支える関係機関の例
・診療所・在宅療養支援診療所・歯科診療所等（定期的な訪問診療等の実施）
・病院・在宅療養支援病院・診療所（有床診療所）等（急変時の診療・一時的な入院の受入れの実施）
・訪問看護事業所、薬局（医療機関と連携し、服薬管理や点滴・褥瘡処置等の医療処置、看取りケアの実施等）
・介護サービス事業所（入浴、排せつ、食事等の介護の実施）
（資料）　厚生労働省「第68回社会保障審議会介護保険部会」資料（平成28年11月16日）

は、金融機関がこの分野で業務を行ううえで最も悩ましい項目の一つである。実際、筆者が金融機関関係者から多く受ける質問の一つにも、「長期での制度リスクをどうとらえるか」という類いのものがある。

　この点については、幾つかの切り口から議論ができるであろう。

　まず、「こうした制度マターについて個々の医療機関が対応できる部分

は、かなり限定的である」ということである。大幅に体制を変更して制度の変化に対応していくことは実際にはあまり起こらず、状況に応じて徐々に対応を行っていくというのが医療機関の行動様式ではないかと思われる（もちろん例外も存在するので、あくまで一般的な話である）。

そうした意味では、サポーター側である金融機関としても、過度に制度リスクを意識するのではなく、**その医療機関のこれまでの動き・潜在的な能力が今後の当該地域の施策との兼ね合いでどのような意味をもちうるか**、という点をしっかりと理解しておくことが第一歩目となろう。多くの場合、金融機関の担当者交代のほうが、一つの制度変更の浸透にかかる時間よりも短いかと思う。にもかかわらず、「制度がこうだから、こうあるべき」という「べき」論を医療機関側にぶつけていくことはあまり有益な議論とはいえない。医療機関側が「各々の潜在的な特性から自発的に次の方向を見出す」際に、他事例などもふまえて適切にフォローアップできるかどうか、というのが重要な点かと思われる。

2点目として、こうした制度マターと必ず隣接して出てくるのが「医療の地域性」という課題である。「制度」のファインチューニングは常に行われるが、そのインパクトは地域ごとに大きく異なる。たとえば「地域医療構想」でいえば、その地域での需要をふまえた体制の再構築が提言されていくことになるが、たとえ自治体であっても「その再構築を実施するための強制力」は一般的にはもちえない。すべての病院が国立もしくは自治体立の組織であればそういったことも可能なのかもしれないが、実際にはそのようなかたちにはなっておらず、緩やかな誘導というのが現実的な議論であろう。加えて、「範囲」も一つの自治体ではなく、もう少し広い「二次医療圏」という範囲での話になってくる。

このあたりのとらえどころのなさについては「過度に一般化」した全国一律の議論をしてももちろん意味がないと同時に、その地域にだけ細かく特化した議論をしても大きな動きを見過ごしてしまうことになる。制度の動きに伴う影響につき、遠景と近景を双方もちうるのが特に地域に密着する金融機

関の強みでもあるので、上手にその遠景と近景を有していくことが重要であろう。これについては次章でも掘り下げてみたい。

　加えて3点目であるが、この章でも触れている「地域包括ケアシステム」などはかなりプラクティカルな話である。「制度」として方向が決まっており、「べき」論としてもさまざまな意味で求められているものであるので、「制度的制約」はそれほど大きな話ではない。地域性もある程度「所与」となっている。ゆえに、そうした制約よりも実際にどのようにリソースを集め、体制を構築できるか、という点こそが議論のポイントとなってくる。「制度は所与」であることの繰り返しと同時に、「実際にどうするかのほうがよほど大変」という話である。

　そして、これが本書に通底するテーマの一つともなるが、実際のところ、**大都市部であっても小人口エリアであっても「すべてのリソースがそろっているエリア」というのは存在しない**。個々の医療機関が地域状況を考えたとしても、必ずその地域には某かの「不足」が生じている。ゆえに、それを補うための「役割分担」が適切にできるかという話が重要となってくる。

　たとえば医療機関が、地域包括ケアで述べた「在宅医療」「介護」「住まい」のような個々の取組みに、直接的、もしくはバックアップ的なかたちでかかわっていく場合、どのような機能を実際に整備できるか、それができるだけのリソースが（歴史的経緯をふまえて）そろえることができるか、という点などが重要である。

　おそらく制度論・地域論については、多少長い時間軸でみること、地域性をしっかりと把握しておくこと、そして方向感の定まった具体的な話についていえば、その医療機関のリソースや役割についてしっかり把握しておくこと、が重要である。

　金融機関は、事業性評価という概念のなかで「事業者の付加価値向上に資する対応」を目指すことになるが、そうはいってもこうした制度論については、「先方の担当者や役員は、自分たちの何倍もこの業界に精通しているので、何も付け加えることがない」という発想に陥ってしまうことも多いので

はなかろうか。また、日々の業務に忙殺されることも多い医療機関の従事者にとって、複雑な動きの全体像を、特にデータなどに基づきつかんでいるということはまれであろう。もちろん、直接日々の業務にタッチしていない金融機関職員にとってもそれは同様ではあるのだが、一定の距離感があるからこそ「整理ができる」ポイントがあることも事実であり、付加価値のある提案を行うための作業については諦めるべきではない、というのが本章で示す主張の一つである。

課題・ニーズ見極めのためのポイント

事業性評価の「制約条件」である制度動向に対応した医療機関の対応可能性を把握する。

① さまざまな施設やスタッフの、全国レベルでみた際の当該地域の濃淡を把握しておく。
② 「地域医療構想」における当該病院の機能の位置づけを把握する。
③ 「地域包括ケアシステム」の観点からみて、その医療機関のグループで有する機能はどの程度の役割を果たしうるか、を把握する(同時に、①・②の観点を主体に、その医療機関の特徴を見極めておく)。

とはいえ、この章で述べている話はかなり「大きな話」なので、次の章では、もう少し実際の分析に近い話を掘り下げていこう。

第3章 需給の見方（狭い領域と広い領域）

　第2章では、「地域性」を、少し広く「制度」的な観点でみたが、このままでは実務での活用がむずかしいかと思う。そこで、以下では、もう少し実務的な分析を交えて整理をしておきたい。

1 半径5km程度の領域で考える

　医療機関にとって、患者が来る領域とは実際にはどの程度の範囲になるであろうか。これはエリアによっても大きく異なるものと思われる。

　大都市圏には病院数が比較的多く存在している。この場合、一般的な診療科という意味では半径5km程度にある病院が競合と考えておいてさしつかえないだろう。車で直接向かえば10〜15分程度だろうが、バス・電車で向かうとすると40〜50分かかる可能性もある範囲である。ある程度の規模の病院に向かう必要がある場合、この程度の距離感は現実的かと思われる。ただし、疾患によっては、「この疾患についてはこの病院、この先生」という定評などある場合、もしくは症例実績が積み上がっている病院が存在する場合、その集患エリアはもっと広くなるだろう。おそらく「二次医療圏」全体でみてもそれほどおかしくはないかと思われる。

　一方、より地方をみた場合、いわゆる総合病院の数自体が減少し、同時に移動についても車での移動が多くなる可能性が高い。この場合、10km圏程度でみていくことが適正になるものと思われる。

　ということで、どのような範囲でその病院の競合力をみるか、というの

は、非常にむずかしい課題でもあり、実際には一つひとつの事例にあたりながら検討していくことに尽きる。

もし分析の誤りがあるとすれば、おそらくは「もっと広い範囲に実は競合医療機関があるにもかかわらず、狭い範囲で分析をしていたために、実力以上にその病院を評価してしまった」ということだろうが、これは実際に医療機関の方々と議論をしていけば、誤りの方向性はみえるものである。逆に、「非常に強い診療科がある」病院の場合、多少、その分析の範囲を広げてもあまり結果が変わらないケースが多い。それは、広域からの集患が可能となっていることの証左でもあろう。

基本的に、金融機関が外部からわかる範囲の分析を行うという点では、DPCデータの分析となってくる。もちろん医療機関内にある情報を活用すれば、これをもっと高度に分析していくことが可能だが、あくまで「外からの分析」という意味では、疾病ごとの一定期間における患者数というのが現実的な分析ツールであろう。

では、もしMDC（Major Diagnostic Category：主要診断群）ベースで分析を行うとして、その際の分析手法としてはどのようなものがあるだろうか。

一つの例示として、特定エリアのある時期の情報をもとにデータを拾ってみると図表3－1のとおりである。

こうした分析のなかで重要となってくるのは、**その病院が「強い診療科をもつ病院」か、「バランスよく集患できる病院」か、そのいずれもがむずかしい病院か**、という見極めになってくるだろう。

また、「診療科」ごとに特性があり、患者数の多い診療科（たとえばMDC6などに関連する内科系の診療科など）についてはどの病院も患者数が比較的多いケースが多く、一方で手術を中心に「このエリアではこの病院」という評判が一定程度ある病院は、当然ながらその診療科において強いデータが出てくる。

ただし、この「強いデータ」が判断上むずかしいのは、これが継続的なものかどうか、という点である。一人の医師の移籍によりその診療科の強みが

図表3－1　半径5㎞圏内の病院の患者数分析（MDC別DPC患者数）

MDC	01	02	03	04	05	06	07	08	09
A病院	792	789	721	1,648	934	3,435	403	189	144
B病院	1,141	1,739	851	972	1,729	2,398	986	276	565
C病院	2,620	0	62	606	5,122	33	45	10	0
D病院	147	177	461	934	250	2,374	379	231	206
E病院	102	0	84	741	627	2,925	302	47	208
F病院	183	855	433	1,103	118	1,870	136	195	0
G病院	413	407	103	471	305	1,028	141	28	0
合計	5,398	3,967	2,715	6,475	9,085	14,063	2,392	976	1,123
MDC	10	11	12	13	14	15	16	17	18
A病院	450	1,231	860	491	213	354	554	17	142
B病院	1,080	956	1,403	250	911	43	315	31	435
C病院	296	129	227	23	1,022	27	104	14	112
D病院	458	915	285	474	135	111	246	0	150
E病院	196	630	799	108	49	102	1,012	0	97
F病院	221	827	518	223	149	236	344	0	126
G病院	95	550	0	31	0	79	620	0	130
合計	2,796	5,238	4,092	1,600	2,479	952	3,195	62	1,192

（注）　原資料の「－」表記を上記では「0」として表記。
（資料）　中央社会保険医療協議会診療報酬調査専門組織（DPC評価分科会）「MDC別・医療機関別件数」（データは平成26年度）をもとに筆者作成

瓦解することもあるし、その診療において何か問題が発生するようなことがあれば、強みが弱みに転化することもありうる。そうした点についてはある程度気を配る必要があるが、一方で、人が人を呼ぶ側面があることも実情であるため、ある程度体制が整っていれば、継続性について安心してよい部分もあろう。実際に、「○○先生のおかげで、この診療科は評判が高い」という発言はさまざまな病院で聞こえるものであり、こうした話と「数字」はだいたいにおいてリンクしている。

　とはいえ、実際のところ、本当に全国有数の診療科をもつ病院を除いて

は、その「強い」診療科だけで各々の病院が成り立たないことも事実である。他の業界であれば「集中と選択」という言葉が出てくるかもしれないが、病院の場合、「病院自体の看板」が背負っている要素も大きく、この病院にいけば（診療科によらず）しっかりとした診療が受けられる、という信頼感がすべての診療科を底上げする部分も当然ながらある。医師以外の看護師・コメディカルなどのスタッフにとっても、病院組織全体がどれだけしっかりとした体制で運営されているかが、一つの勤務理由にもなりうるし、また「救急」のようなかたちで地域の役割を果たすためにも、全体としての病院組織というのは重要な要素である。

　そうした観点でいえば、上記の患者数について**「地域のなかで１、２位を占めるような診療科がいくつ存在しているか」**という点でみることは、もう一つの重要な側面といえる。突出する診療科は少ないかもしれないが、全体的に大きな取りこぼしなく「総合病院」としての役割を果たしていれば、これはこれでその病院にとっての重要な存立基盤といえる。

　ただし、昔に比べて、一つの医療機関がカバーする診療科が限定的になってきている傾向は否めない。それぞれの分野の専門化が進む一方、病院として一、二人の医師で回す診療科をあまり多くもっていても、というケースもあるため、以前に比べてカバー範囲を狭めてきている病院は多いように思われる。そのこと自体は否定する話ではないが、その際にうまく地域内での「役割分担」ができるようになっていることは重要であろう。

　こうした「総合力」については、それを評価するための枠組みがなかなか簡単には存在していない。それゆえに「診療科」ベースでの強い・弱い、という話が出てくることも一面の真実である（実際、なかなか「最適なバランス」という話に解はないであろう）。ただし上記のような分析を行うなかで、「その病院の特徴」というのはざっくりつかめるものであり、かつ、他の病院の特徴もある程度つかんでおけば、その病院がどのような役割を果たしているか、という点にたどり着くことはさほどむずかしい話ではないと思われる。

そして、実際には、こうした集患状況と損益がどのようにリンクしているか、という点が、継続的な運営という意味では重要になってくるので、その点については次章で述べていきたい。

 ## 広い領域で考える

1は少し狭い範囲の話であったが、もう少し角度を広げ、今度は二次医療圏および都道府県単位での議論を進めたい。これは前章で述べた「制度」であったり、「地域性」であったり、の話と、個別の医療機関のリンクという話である。

一つの切り口は「エリアとしての患者数の増減」である。これはまさに「地域医療構想」のなかで述べられている話でもある。そして、「地域医療構想」で触れられているもう一つの切り口が、「病床の過不足状況」である。

上記の切り口を個別の医療機関に結びつけて考察する場合、単純化すれば「そのエリアでの患者数がどのように推移して」「そのなかで自院の果たすべき役割はどの程度足りているのか、不足しているのか」という話になろう。とはいえ、ここから先の分析は、「個別の医療機関と議論する」という意味においては、いささか過剰な部分もあるため、あくまで参考として受け止めてもらいたい。

まず、個々の医療機関が所属する二次医療圏の属性について、ある程度の雰囲気をつかんでいきたい。

ここでは便宜的に医療圏を四つのエリアに分けてみたい。一つは東京・大阪・愛知といういわゆる「東名阪」と呼ばれるエリアに存在する二次医療圏（Aエリア）、一つは県庁所在地＋人口50万人以上を抱える二次医療圏（Bエリア）、一つは人口50～20万人を抱える二次医療圏（Cエリア）、そしてもう一つは人口20万人以下の二次医療圏（Dエリア）、である。

そして、各々の二次医療圏について、在院日数の短期化を想定しないかたちでの患者数ピークを算出し、ある程度、イメージがわかりやすいように、

上記の４エリアに分けたうえでプロットしたのが図表３－２となる。在院日数の短期化の効果が大きいことは第１章でもわかるところであり、地域医療構想においてもその点は考慮されているが、ここでは「もし自然体でいまの受療率で推移したら」という前提で動きをみているため、その点はご了承いただきたい。

　図表３－２をみてもわかるとおり、人口規模と患者数ピーク期はある程度比例している。もちろん、各都道府県の地域医療構想が出そろった段階で、それぞれの地域がどのような患者数推移となるか、は容易にみることができるため、この表はあくまで全体のバランス感を概観するためのものである。

　それでは、今度は「高度急性期」病床の二次医療圏における比率をプロットしたら、どのようなかたちになるかをみてみたい。

　図表３－３はあくまで2014年時点での「病床機能報告」に基づくものであり、これをどうファインチューニングしていくかが今後の大きなポイントになるが、「とはいえ」ということでの現状の分布である。なお、「2025年モデル」の議論でも触れられているように、そもそも「高度急性期」は全体として現状からは絞り込まれていくかたちとなるだろう。

　しかし、この図表３－３をみてわかるのは、特に人口規模が小さいエリアにいくほど、高度急性期という定義にはまる病院がない箇所が非常に多く存在している、ということである。逆にいえば、高度急性期病床を有している病院の集患範囲は相当広域にのぼる可能性があるということだ。

　一般的に病院の集患ルートは、①自院の外来から入院へ、②地域のクリニック等からの「紹介」、③救急対応から入院へ、というような流れがほとんどである。このうち、③というのはあまり広域での対応は現実的ではなく、同時に①についても、あまり広域で日常的な通院を行うことは多くないと思われる。その意味でも②の「クリニックや他病院からの紹介」という範疇において、高度急性期病院が頼られる構図というのは容易に想像がつくところかと思う。

　さて、こうした状況のなかで、その病院が果たす役割について、幾つか

図表3－2　一般病床入院患者数ピーク期と圏内人口

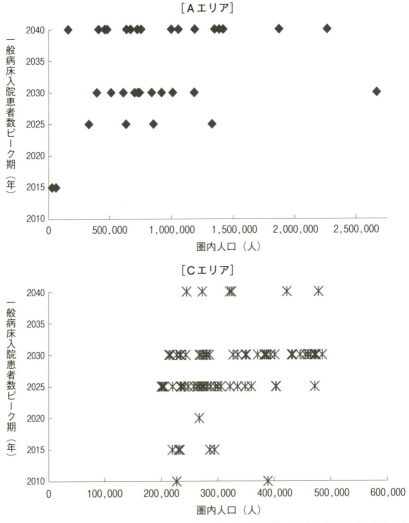

(注1)　②(49頁(資料))について上記調査では福島は県単位の集計となるため、本件分布図作成には含んでいない。(第3章図表3－4、第9章図表9－2、9－5、9－11の付表も同様)
(注2)　受療率は二次医療圏単位ではなく県単位のもの(かつ宮城県の石巻医療圏、気仙沼医療圏および福島県を除いた数値)であり、あくまで傾向をみるための集計である。
(注3)　徳島県は東部・南部・西部の3医療圏にて算出。

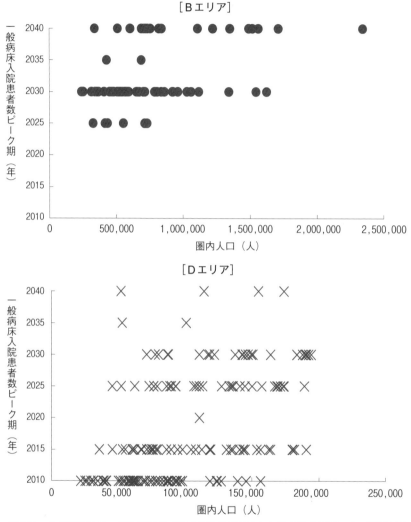

(資料) 将来患者数は、厚生労働省「平成23年患者調査」と国立社会保障・人口問題研究所「日本の地域別将来推計人口（平成25年3月推計）」（以下「推計人口」と記載）に掲載されている次の2データを掛け合わせることにより推計したものである。
① 患者調査「下巻第16表 受療率（人口10万対）、入院－外来・施設の種類×性・年齢階級×都道府県別」
② 日本の地域別将来推計人口「3．男女・年齢（5歳）階級別の推計結果」

第3章 需給の見方（狭い領域と広い領域） 49

図表 3 － 3　高度急性期病床比率（対全病床）と圏内人口

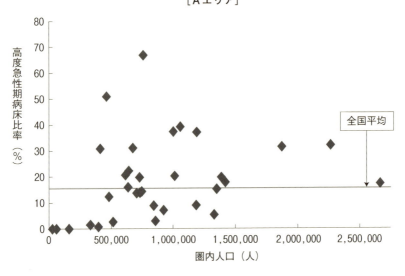

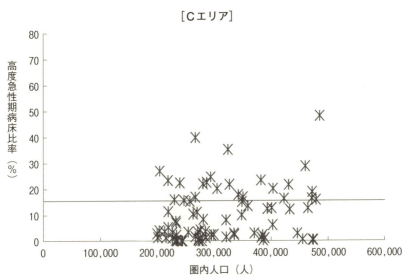

（資料）　各都道府県ホームページ記載の2014年7月1日時点の機能区分別病床数および双方が表記されている場合、許可病床数を採用。集計の都合上、秋田県については

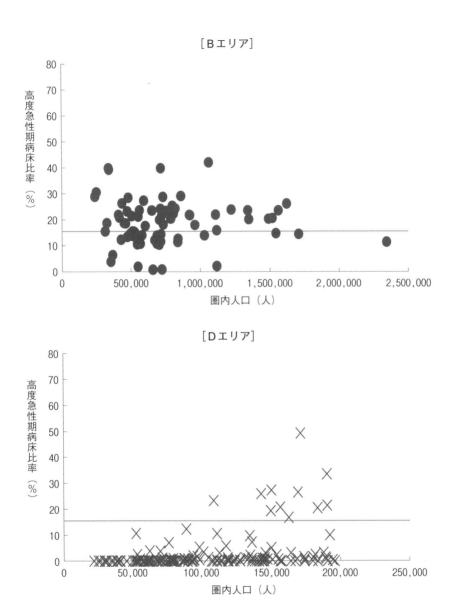

「推計人口」(図表3－2にて詳細記載) をもとに筆者作成。なお、許可病床・稼働病床の病院の病床分のみにて算出をしている。

第3章 需給の見方（狭い領域と広い領域） 51

図表3－4　一般病床患者ピーク期と高度急性期病床比率からみた二次医療圏数

	一般病床入院患者数ピーク期（年）		
	2010 2015	2020 2025 2030	2035 2040
高度急性期病床比率が平均以上	6	60	29
高度急性期病床比率が平均未満	91	129	22

（注）　平均15.50％。
（資料）　図表3－2および図表3－3と同じ

ケース分けをしておきたい。図表3－4では、患者数の想定ピーク期を3分割し、同時に高度急性期の病床比率が平均より多いか少ないかを分けたうえで、どの程度の二次医療圏がその6分割のなかに入るかをみている。

　基本的には、高度急性期病床の比率が高いエリアで、患者数ピーク期が早いエリアに位置する病院があれば、その病院はその立ち位置を早めに修正していく必要がある。しかし、全国的にこうしたエリアは限られており、一般的には「高度急性期」が乏しく、患者数ピーク期が早いもしくはモデレート、というエリアが広範に存在している。そうしたエリアでは、どのように高度急性期病床比率の高い中核エリアとの関係を結んでいくか、が重要な観点になってくるであろう。同時に、ピーク期がモデレートであるにもかかわらず、現時点で高度急性期病院の比率が高いエリアは、どこかのタイミングで絞り込みの必要が出てくる可能性がある。

3　事業性評価の観点

　本章では、実際の競合エリアでの話と、ある程度広い抽象的なエリアでの話を、並べて整理をしてみた。事業性評価ということからいえば、個々の病院にとっては、その「競争力の源泉」をどのように作り付けるか、という話である。

そして、本章で述べてきたように、「競合」は幾層にも重なりあっているものである。①診療科ベースでの周辺5km圏内などでの競合、②それら診療科が束ねられた病院という総合的な立ち位置での競合・ブランディング、③より広いエリアにおける「その地域の需給状況」などの特性をふまえたうえでの中長期的役割、などが「層」としてあげられるだろう。

　実際に金融機関がかかわる際には、②のポイントにかかわることが多く、またそれ以上細分化しても、それ以上遠景でみても、実際の病院全体の収支とのかかわりは薄いことも多い。ただし、病院自体が悩んでいるポイントは、その細分化した診療科ベースでの凹凸であることも多いし、逆に理事長・事務長クラスの方々であれば、地域での役割をふまえ、より広範な範囲でその病院が果たせる役割を意識しているケースも多々ある（実際に都道府県や医師会で重要な役割を果たしているケースもある）。

　そうした点を考えると、同じ競合についても一つの間尺でとらえるのではなく、複層的な見方を懐にきちんと収めておきたいところである。そのためには、やや逆説的であるが「共通の物差し」をもっておきたい。

　そして、その物差しが、ここで述べてきたような、診療科別の患者シェア、負けていない診療科の数、地域の医療に関する需給状況、などなのだが、実際のところ、これらの材料はあまり物珍しいものではない。ただ、**その個別の材料を、どのようなかたちで統合して料理することができるか**、という点が重要な武器になるものと思われる。

　これは金融機関担当者だけでなく、医療機関に従事する方々にとっても同じであり、自院の客観的な健康診断は比較的容易にできるわけだが、ここから何をどうすべきか、という論点が重要となってくる。そのうちの一つは「利益」までみたうえでの組立てであり、次章において詳述する。

> **課題・ニーズ見極めのためのポイント**
> 　その医療機関にとっての競合状況を単純化せず、ある程度可視化していく。

① 身近な範囲では、診療科別の競合状況をしっかりと考える。
② 同時に個別診療科の勝ち負けだけでなく、病院自身の「総合力」も判断していく。
③ 広域における需給環境はどのようなかたちになっているか、も相場観をもっておく。

第 2 部

分析の視座（その2）
―コストと設備投資の観点から―

　第2部ではデータを主体として、コストと設備投資について整理を進めたい。こうしたデータは、経営における「通知表」的な役割をどの産業においても果たしており、医療業界においても例外ではない。ただし、「医療特有」の考え方もあると筆者は思っており、それをふまえたうえで分析の「視座」を示したい。

第4章 事業収支の構造を考える（費用の観点）

　さて、本章では医療機関の数字の話に戻り、コスト面をみていきたい。第1章では平均値として右肩上りに推移してきた売上高をみてきたが、経営データをみる意味では、これだけでは当然ながら不十分である。実際には売上げの増加に伴いコストも右肩上りになっており、その推移につき本章では整理をしておきたい。

1　近時の収益動向

　まず、そもそも他産業と比較した場合の数字の動きをみていこう。

　図表4−1の数字をみてわかるとおり、利益という観点でいうと、近時の医療機関の損益の「下がり方」はきわめて大きい。売上げの伸び自体は第1章でみたように順調なことを考えると、この損益水準についてはコスト構造が大きな影響を及ぼしていると考えられる。

　ただし、医療の場合に重要なのは、あくまでその医療行為を行ううえでかかる「コスト」がベースにあり、それに相応の「診療報酬」があらかじめ定められ、最終的にその差し引きで損益が定まってくる、という日本の医療制度の構造を理解しておくことが何よりも重要である。したがって、収益率が低下していることが各医療機関の経営の巧拙そのものという話ではなく、「制度による影響」という解釈は、こうした他産業比較という意味では正しい。

　一方で、個々の医療機関において収益面で差が生じていることもまた事実

図表4-1　他産業収益率比較

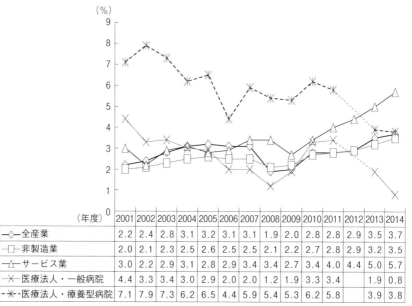

(年度)	2001	2002	2003	2004	2005	2006	2007	2008	2009	2010	2011	2012	2013	2014
全産業	2.2	2.4	2.8	3.1	3.2	3.1	3.1	1.9	2.0	2.8	2.8	2.9	3.5	3.7
非製造業	2.0	2.1	2.3	2.5	2.6	2.5	2.5	2.1	2.2	2.7	2.8	2.9	3.2	3.5
サービス業	3.0	2.2	2.9	3.1	2.8	2.9	3.4	3.4	2.7	3.4	4.0	4.4	5.0	5.7
医療法人・一般病院	4.4	3.3	3.4	3.0	2.9	2.0	2.0	1.2	1.9	3.3	3.4		1.9	0.8
医療法人・療養型病院	7.1	7.9	7.3	6.2	6.5	4.4	5.9	5.4	5.3	6.2	5.8		3.9	3.8

(注)　「全産業」「非製造業」「サービス業」は営業利益率、医療法人は医業利益率。
(資料)　財務省「法人企業統計年報」、厚生労働省「病院経営管理指標」（2012年度はデータなし）より作成

であり、この点についてはやはり経営の巧拙といわざるをえない部分もある。一定以上のスタッフを抱えながら、事業を継続的に行っていくためには、年々の収益の確保はきわめて重要なテーマである。

さて、こうした流れのなかで、どのようなかたちで収益を維持していくか、という観点でコストの動きをみていこう。まず図表4-2で、二つのデータから各コストの推移を抜き出して整理している。この図表をもとに、各費用項目の動きをみていきたい。

 人件費関連

まず医療機関の運営のなかで、最も大きな要素を占めるのは人件費であ

図表4－2　運営費動向

[1床当り運営費]

(単位：%)

		年	2001	2002	2003	2004	2005	2006	2007	2008	2009	2010	2011	2012	2013	2014	2015
総数		n =	1208	1219	1141	1179	1195	1145	1167	1180	1162	1134	993	719	616	645	643
		人件費比率	54.0	56.6	54.7	53.9	54.4	55.3	55.9	57.3	55.8	54.0	53.9	55.4	56.3	56.2	54.4
		材料費比率	28.4	28.7	28.2	28.1	28.0	28.3	27.0	26.9	26.5	25.7	25.9	25.5	25.5	26.5	26.6
		薬品費比率	18.5	18.6	17.8	17.5	17.2	17.3	16.3	16.0	15.7	15.3	15.5	15.4	15.3	15.8	15.7
		診療材料費比率	8.5	8.7	9.2	9.3	9.5	9.8	9.5	9.7	9.8	9.4	9.5	9.2	9.3	9.9	10.0
		委託費比率	6.3	6.9	7.0	7.2	7.3	7.7	7.7	8.2	7.9	7.7	7.9	7.8	7.8	8.3	8.2
		経費比率	8.1	8.0	8.1	8.2	8.5	8.2	8.4	8.9	8.3	8.0	7.7	7.7	8.0	8.3	7.8
		減価償却費比率	6.0	6.3	6.3	6.2	6.4	6.6	6.5	6.8	6.4	6.1	6.3	6.5	6.4	7.0	7.0
自治体		n =	684	686	644	659	631	599	594	599	584	579	553	366	320	358	357
		人件費比率	57.8	61.1	58.5	57.6	59.4	60.7	62.0	63.1	61.7	59.3	58.2	59.4	61.0	59.9	57.8
		材料費比率	29.4	29.4	28.6	28.4	28.6	28.9	27.9	27.4	27.2	25.8	25.7	25.3	25.3	25.9	26.0
		薬品費比率	19.0	18.8	17.6	17.4	17.4	17.2	16.5	16.1	15.7	15.2	15.2	15.0	14.7	15.0	15.0
		診療材料費比率	9.1	9.4	9.9	10.0	10.3	10.7	10.5	10.4	10.7	10.0	9.9	9.7	9.9	10.3	10.5
		委託費比率	7.2	8.1	8.1	8.4	8.6	9.1	9.2	10.0	9.9	9.5	9.7	9.5	9.4	9.9	9.9
		経費比率	7.1	7.4	7.4	7.3	8.1	7.7	7.7	8.3	7.7	7.5	7.2	7.6	8.0	7.9	7.4
		減価償却費比率	7.1	7.5	7.4	7.3	7.7	8.0	8.1	8.3	7.7	7.2	7.1	7.2	8.0	8.3	
その他公的		n =	229	245	244	247	247	267	266	262	255	248	252	212	187	186	180
		人件費比率	50.0	51.7	49.9	49.0	48.8	50.0	50.7	52.4	49.9	48.5	49.1	50.7	51.6	51.9	50.3
		材料費比率	29.5	30.4	30.2	30.0	30.1	30.3	28.5	29.3	28.5	27.7	27.3	27.3	27.0	28.6	28.6
		薬品費比率	20.2	20.9	20.3	20.1	19.8	19.8	18.5	18.6	18.1	17.8	17.2	17.5	17.2	18.4	18.0
		診療材料費比率	8.0	8.2	8.6	8.7	9.1	9.3	8.5	9.3	9.3	8.9	9.1	8.9	8.8	9.3	9.7
		委託費比率	4.7	5.2	5.3	5.6	5.8	6.0	6.0	6.3	6.1	6.1	6.1	6.2	6.3	6.6	6.4
		経費比率	7.5	6.8	7.2	7.3	7.3	7.4	7.7	8.0	7.3	7.2	7.5	7.3	7.7	8.2	7.7
		減価償却費比率	5.4	5.7	5.6	5.6	5.6	6.0	5.7	5.9	5.7	5.6	5.8	6.1	6.0	6.3	6.0
私的		n =	295	288	253	273	317	279	307	319	323	307	188	141	109	101	106
		人件費比率	49.8	52.4	51.7	51.3	50.8	51.4	51.3	52.8	52.4	50.9	50.8	55.4	53.8	54.4	52.8
		材料費比率	24.3	23.9	23.8	24.0	23.5	24.0	23.1	22.8	22.7	23.1	23.1	20.8	21.9	22.4	23.2
		薬品費比率	14.9	14.4	14.0	13.8	13.4	13.3	12.9	12.4	12.2	12.6	12.6	10.9	12.0	11.1	12.0
		診療材料費比率	7.7	7.6	8.0	8.4	8.3	8.7	8.5	8.7	8.9	8.8	8.7	8.4	10.1	9.5	
		委託費比率	5.8	6.3	6.6	6.5	6.8	6.9	6.8	7.1	6.5	6.6	6.6	6.9	6.5	7.1	7.1
		経費比率	11.6	11.6	11.9	12.0	10.9	11.0	10.8	11.2	10.7	9.9	9.9	9.4	9.0	10.1	9.6
		減価償却費比率	4.0	4.1	4.3	4.3	4.7	4.6	4.6	5.0	4.8	4.8	4.7	5.4	4.6	5.3	5.3

（注1）　一般病院＋精神科病院＋結核病院
（注2）　1床当り、各年6月中。
（資料）（一社）全国公私病院連盟、（一社）日本病院会「病院経営実態調査報告」をもとに筆者作成

[一般病院費用比率]

(単位：%)

		年度	2004	2005	2006	2007	2008	2009	2010	2011	2013	2014
医療法人		n =	362	364	405	232	301	304	337	190	276	213
	人件費比率		51.8	52.0	53.1	52.7	53.3	54.3	54.3	53.7	53.4	54.0
	材料費比率		21.1	21.1	20.9	20.2	19.8	19.4	18.9	19.3	19.0	18.7
	医薬品費比率		12.8	12.6	12.8	12.0	10.9	10.3	10.2	10.5	10.1	9.8
	委託費比率		3.9	4.3	4.4	6.0	5.9	5.4	5.4	5.3	5.3	5.4
	経費比率		10.6	10.2	10.3	10.8	10.7	10.2	9.0	7.5	8.5	7.7
	減価償却費比率		4.0	3.9	3.7	3.5	3.9	4.2	4.0	4.3	4.6	4.7
自治体		n =	201	209	278	251	278	289	318	257	297	300
	人件費比率		59.2	59.2	60.9	63.6	64.8	63.7	62.4	63.1	64.0	65.2
	材料費比率		27.1	27.0	26.5	26.1	25.1	24.6	23.4	23.4	23.5	23.6
	医薬品費比率		17.6	17.3	16.3	16.2	15.4	15.1	14.3	14.4	14.2	13.8
	委託費比率		8.0	8.4	8.8	9.6	10.0	10.1	9.3	9.2	9.3	7.4
	経費比率		4.6	4.7	5.5	6.9	7.4	7.6	7.2	6.9	8.4	9.8
	減価償却費比率		7.2	7.2	7.5	7.4	7.7	7.2	7.3	7.2	7.4	8.4
旧社会保険関係団体		n =	79	75	84	37	37	38	35	15	25	48
	人件費比率		50.3	49.8	51.3	53.0	52.8	52.5	51.3	49.5	50.8	55.7
	材料費比率		27.3	27.2	26.5	25.1	25.2	26.2	25.3	24.2	24.9	22.3
	医薬品費比率		17.3	17.2	16.2	15.3	14.5	16.1	16.2	12.9	15.4	13.3
	委託費比率		6.1	6.4	7.0	7.2	7.1	7.2	6.4	8.3	6.5	6.7
	経費比率		4.3	4.3	4.5	6.4	6.5	7.0	6.1	5.5	5.5	5.9
	減価償却費比率		6.7	6.7	6.3	5.1	5.8	6.5	6.8	6.9	4.4	7.3
その他公的		n =	149	138	171	151	103	98	108	120	97	95
	人件費比率		50.9	51.3	51.8	52.7	51.5	51.8	50.9	52.0	52.1	51.5
	材料費比率		29.0	29.5	28.8	28.1	28.3	27.5	25.9	26.5	27.2	26.3
	医薬品費比率		19.3	19.3	18.9	18.1	18.9	18.2	16.8	17.4	17.7	16.9
	委託費比率		6.3	6.7	6.5	6.3	6.1	5.9	6.0	5.9	6.1	6.0
	経費比率		5.7	5.5	6.1	5.6	5.5	5.8	5.3	4.8	5.4	5.2
	減価償却費比率		5.9	6.0	6.3	5.9	6.5	6.1	5.9	5.8	5.8	5.5

(注)　一般病院。
(資料)　厚生労働省「病院経営管理指標」（2012年はデータなし）より作成

図表4－3　医師数・看護師数

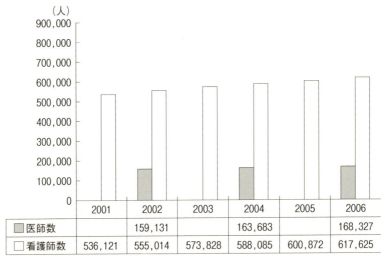

	2001	2002	2003	2004	2005	2006
医師数		159,131		163,683		168,327
看護師数	536,121	555,014	573,828	588,085	600,872	617,625

(注)　いずれも病院の従事者数。
(資料)　厚生労働省「医師・歯科医師・薬剤師調査」（2年ごとの調査）、「病院報告」より作成

図表4－4　医師・看護師の賃金（年間）

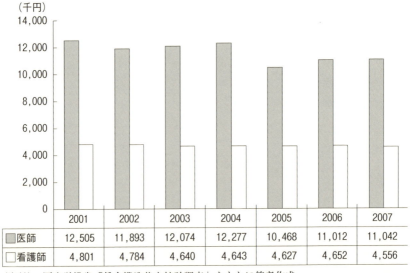

	2001	2002	2003	2004	2005	2006	2007
医師	12,505	11,893	12,074	12,277	10,468	11,012	11,042
看護師	4,801	4,784	4,640	4,643	4,627	4,652	4,556

(資料)　厚生労働省「賃金構造基本統計調査」をもとに筆者作成

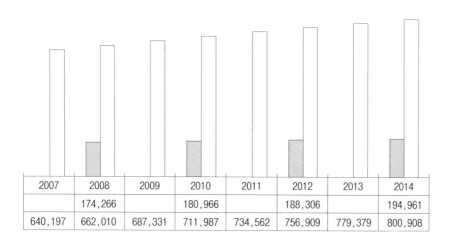

2007	2008	2009	2010	2011	2012	2013	2014
	174,266		180,966		188,306		194,961
640,197	662,010	687,331	711,987	734,562	756,909	779,379	800,908

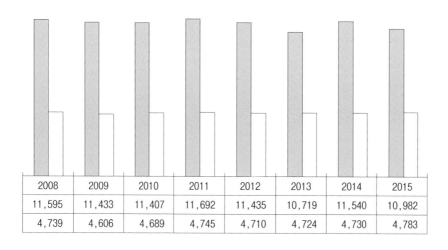

2008	2009	2010	2011	2012	2013	2014	2015
11,595	11,433	11,407	11,692	11,435	10,719	11,540	10,982
4,739	4,606	4,689	4,745	4,710	4,724	4,730	4,783

第4章　事業収支の構造を考える（費用の観点）

る。ただし、これは組織ごとに大きく異なるものでもある。

　最初に注目するのが、民間病院の人件費比率の水準である。これはサンプル数の変動が中長期でみるとかなり大きいため参考値的にみざるをえない部分が多分にあるが、どちらの数字でも2001年頃は50％弱であった人件費比率が50％台半ばまで上昇してきている。自治体病院も水準自体は異なるものの同じような動きをみせており、大きな流れはみてとれる。

　当然、人件費の動きについても一定の数量要因・単価要因はあるので、そうした観点でみてみよう。図表4－3は医師数・看護師数の推移、図表4－4は賃金水準の推移である。この二つの表を見比べるとみえてくるのが、人件費自体は数量要因で伸びてきたという側面である。医師数の伸びもさることながら、看護師数の伸びの大きさはこの15年近くのなかでも非常に大きなものがある（医師数で約1.2倍、看護師数で約1.5倍）。

　一方、患者数自体は、第1章でみたように高齢者増のなかでもその増加を抑制してきたのが日本の状況であるが、その繁忙度はどうであろうか。

　繁忙度という切り口も多々あるため、あくまでその一部という話であるが、図表4－5では手術数の推移をみている。

　このデータはクリニックも含むものであるため、当然厳密な比較はできないのだが、2002年時点と2014年時点でも4割程度の手術件数の伸びがみられる。特に増加幅という観点だけでいえば、年齢層が高くなるほど手術件数の増加がみられており、このあたりはさまざまな低侵襲化が進むなかで起こっている事象であろう。

　全体として、在院日数の短期化が図られ、そのことから入院患者数も一定数での増加（場合によっては減少）でとどめつつ、現場では1.4倍、特に65歳以上については倍近い手術件数が発生するというのがこの15年間で起こってきたことである。

　もちろん手術を伴うものだけではなく、内科系の疾患の動きのなかで医薬品費の増加なども次項でみるように同時発生しているのだが、この双方の動きのなかで、各医療機関にとっては全体として「売上高」が増加してきた、

図表4-5 手術件数

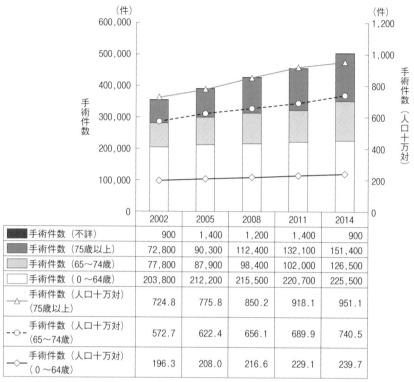

	2002	2005	2008	2011	2014
手術件数（不詳）	900	1,400	1,200	1,400	900
手術件数（75歳以上）	72,800	90,300	112,400	132,100	151,400
手術件数（65～74歳）	77,800	87,900	98,400	102,000	126,500
手術件数（0～64歳）	203,800	212,200	215,500	220,700	225,500
手術件数（人口十万対）（75歳以上）	724.8	775.8	850.2	918.1	951.1
手術件数（人口十万対）（65～74歳）	572.7	622.4	656.1	689.9	740.5
手術件数（人口十万対）（0～64歳）	196.3	208.0	216.6	229.1	239.7

（注1） 2011年は宮城県の石巻医療圏、気仙沼医療圏および福島県を除いた数値。
（注2） 人口十万対の手術件数の算出にあたっては、厚生労働省「患者調査」受療率算出に用いた人口推計値を使用している。
　　　　手術件数（人口十万対）＝年齢別手術件数÷年齢別人口推計×100,000
（注3） 各年9月中。
（資料） 厚生労働省「患者調査」をもとに筆者作成

という状況にある。

　そしてこれを先ほどの医師・看護師数の増加幅でまかなってきたのが、2000年以降の医療経営の根幹ともいえる。賃金水準が横ばい傾向にあることについては、おそらく急速な医療スタッフ数の伸びのなかで平均勤続年数が低下した影響も推測されるため、単純な評価はむずかしいものの、よくいわ

れる医療現場でのバーンアウト的な状況（業務内容・負荷が厳しすぎる状況）が、こうした数字の動きのなかでもみてとれるのではないだろうか。ただし、医師・看護師数の増員による対応が可能なエリアと、医師・看護師の偏在ゆえにこうした動きがむずかしいエリアに分かれているのも実情である。

　さて、全体としてみると、やはり利益水準の上下は人件費比率の上下とかなりリンクをしている。足下でいえば、全体として赤字の医療機関数が増えた2014年の翌年、人件費比率は下がり、黒字病院が増えたという状況にある。この状況が生じた要因は、おそらくリストラなどではなく、配置の効率化や定期昇給の幅などによるものと推測される（図表4－6。なお、図表4－6では2015年は自治体病院の動向に特殊要因があり総収支の動きが極端であるため、同年は医業収支を着目してほしい）。

　ただし、こうした比率の低下をもって、「まだ余力がある」とは、この長い時間軸の推移をみていると到底いえないだろう。現在起こっている出来事は、このバランスをより「適正に」できないかという話である。もちろんこれは病床区分ごとのベッド数の話だけではなく、スタッフに関する話でもあり、このハンドリングは個々の医療機関に委ねられているのが現状である。しかし、それにもやや限界があるのではないか、というのが本書の通底する主張でもある。

3　材料費関連

　一方、コストに関して近時話題となりやすいのは医薬品に代表される材料費である。一般的に、材料費は変動費であり、その水準は開設区分ごとにある程度決まっており、収入の動きに連動してその水準が推移し、比率自体は大きな動きがないことが想像されるのだが、実際はどうだろうか。

　図表4－2をあらためてみてみよう。

　実はどの区分をみても、長期では材料費比率は下がってきている。急性期を主体とした病院であるほどその比率は高く、30％台に近づき、一方で慢性

図表 4 - 6　近時 5 年間の収益推移

［1床1カ月当り総収支差額］

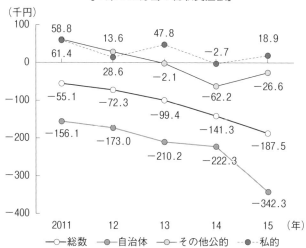

［1床1カ月当り医業収支差額］

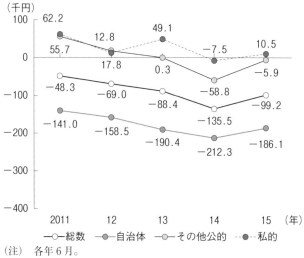

(注)　各年 6 月。
(資料)　(一社) 全国公私病院連盟、(一社) 日本病院会「病院経営実態調査報告」より作成

第 4 章　事業収支の構造を考える (費用の観点)　65

期に属する病院だとこの数字は低くなる傾向もある。したがって、サンプル数の変動が大きい中長期の期間でこのデータを時系列に比較することにはかなり無理があるが、少し俯瞰的にみてみると、2009〜2013年あたりでいったん比率的な「底」がみえている開設区分が多く、ここからは少し横ばいないし上昇という格好になっている。

　このあたりは筆者の実感にもあうところであり、コスト意識の高い医療機関が材料調達の効率化を長年かけて図ってきた結果として、目立った低下までには至らないものの、一定程度の抑制という意味で成果が上がったのがこの時期である。と同時に、いずれも「やれることはやった」というステージに到達していることが多く、ややプラトーに達している印象があった。その結果として、足下だけをみると他のコスト項目（人件費）などと異なり、「下がらない」かたちになっていること、そして社会保障費における薬品の伸び率が引き続き高いことなどから「薬品費」が少し目立つ格好となっているものと思われる。

　しかし、手術件数の増加の背景としてみられる低侵襲対応が可能な技術進化と同様、医薬品の高度化により健康寿命の長期化が図られている部分も当然ながらあるわけで、このバランスをいかにとらえていくかが重要になってくるだろう。

　なお、医薬品に関する国内市場規模は、2001年以降で約40％の増加となっている。一方、「実態調査」のデータをみると、材料費自体は2001年以降で18％の増加である（もちろんサンプルの大きな変動があると思われるので参考値である）。医薬分業のなかで外来等における院外処方が増えてきた流れも当然この伸びの差の一因であり、院内で使われる医薬品の伸びはある程度抑えられてきている感はあるが、引き続き留意が必要な項目であることは間違いない。

4　委託費関連

　委託費は、人件費の外出しという側面もあれば、システム投資に付帯する欠くべからざる要素という側面もあり、項目ごとにその特性が異なってくる。あらためて図表4－2における委託費比率の推移をトレースしてみよう。多くの開設区分において、この14～15年の間で1～2ポイント上昇していることがみてとれる。

　1991年以降、委託率が20ポイント以上上がった区分をみると、「患者等給食」「院内情報コンピュータ・システム」「院内物品管理」となっている（図表4－7）。それぞれの比率が直近で、70.3％、44.0％、25.3％というのも非常に納得できる水準であり、特に後者2項目は近時も増加を続けている。

　売上高に対する委託費比率の増加は、おそらくは上記項目の外部委託比率の上昇などともリンクしているものと思われる。同時に医療機関の経営にとって、委託費のコントロールは大きな課題の一つである。冒頭で述べた「人件費の外出し」という側面においては、医療機関内における人材の有効活用と専業的対応によるサービスの高度化を実現するため、委託部分をいかに有効的に活用するかが重要になってくる。

　一方で、システム面は、実体的には設備投資と密接にリンクするため、こ

図表4－7　主な医療関連サービスの委託率

(単位：％)

年度	1991	1994	1997	2000	2003	2006	2009	2012	2015
n ＝	1,010	801	725	1,111	714	697	960	1,137	920
患者等給食	19.9	26.7	33.9	44.5	53.8	60.5	62.3	67.9	70.3
院内情報コンピュータ・システム	11.7	25.4	29.1	27.9	35.7	34.1	33.3	35.7	44.0
院内物品管理	0.0	3.9	6.6	7.7	12.6	16.1	16.8	21.1	25.3

（資料）　（一財）医療関連サービス振興会「医療関連サービス実態調査報告書」より作成

の点については第5章の「設備投資」で触れるが、人件費の「外出し」という側面とは異なり、これはさまざまな意味において医療の高度化にかかわってくる。そして、他の費用項目と若干異なり、この高度化と医療機関の売上高が必ずしも直結しないという点である。一方で、医療情報の電子化などへの対応は「進めていかざるをえない」部分もあるため、個々の医療機関の体力とこうした投資をどの程度実施していくかという点でのバランスには悩ましい部分がある。

5 簡易総括

　コスト管理といっても、診療報酬によって単価が決まるなかでは、診療報酬の改定動向と損益がパラレルに動く要素が強い。一方で、実務的にいえば「診療報酬」改定がない時期にも収益率の変動は相応に起こっている。たとえば直近の2015年などはまさにそういう状況にある。というのも、診療報酬改定への対応を改定があったその年にスムーズに行うことはどの組織にとってもかなりむずかしい。そこで、その点数にあった体制を、改定年の間につくり、翌期は4月からその体制で回せるので収益が改善する、ということは比較的よくある話である。

　医療機関と議論を行う際には、各年の動きについて平均値的な話と個々の医療機関の状況を見比べつつ議論を進めることが通例であるため、あまりロングスパンでみることはないのだが、本書ではあえてコストの動きを少し長いスパンでみてみた。そして、少し長いスパンでみていくことで、この産業の特徴もみえてくるのではないだろうか。例示として以下にその特徴をあげて、簡易総括としておきたい。

① **非常に繁忙化する現場**……手術件数の増加などにみられる現場自体の忙しさに加え、増加する医療スタッフの教育も含め、対応すべき項目の多様化が推察される。こうしたなかで、診療報酬改定が厳しいタイミングなどにおいて、どのように人件費水準のソフトランディングを行うか。

② **コスト管理の強化が進む材料費**……中長期ではさまざまなかたちでコスト管理の強化は進み、その一環として「委託費」に外出しされる格好となっているが、「院内物品管理」の比率も増加している。ただし、コスト管理の強化によるコスト抑制効果の限界もみえつつある。

③ **システム関連の委託費の増加**……委託費比率自体は、他のコスト項目と比較して、中長期ではあまり大きな動きになっていないが、「院内情報コンピュータ・システム」についてはその委託率の増加にみられるように全体の押し上げ要因の一つになっていると推測される。ただし、医療の高度化という大きな流れでは重要な費用ともなっている。

6 事業性評価の観点

さて、前項の簡易総括については、急性期医療に対応する医療機関の状況、もしくは意識的なコスト管理を進めている医療機関の特徴、という側面が若干強いかもしれない。実際は、「医療人材が乏しいエリアでどのように人材を集めるか」「バイイングパワーが弱いなかでどのようにコスト管理を行うか」「システム対応をせざるをえないが、そのコストをどうまかなうか」に頭を悩ませている中小医療機関も多々あるものと推測される。「規模の経済」が働きにくい分野ではあるのだが、コストの「オペレーション」という側面では、目下の課題に対応するにしても一定の規模がないなかでは選択肢が限られることも実情ではないだろうか。

また、医療機関の規模について、その大中小の線引きをどのあたりで行うかもむずかしいところであろう。規模が大きくとも緻密なマネジメントがなされていない病院もあれば、規模が個々には小さくとも全体事業としては幾つもの部門を束ねて大きくなっている法人などもあり、一概に「病床規模」でマネジメントのあり方まで区分することは困難である。

こうしたこともふまえつつ、金融機関がいかに「事業性評価」と相対していくか、を考えてみたい。

まず全体として収益性が非常に厳しい状況になっているのは、冒頭に述べたとおりである。これは大きな病院でも小さな病院でもある程度同じ方向の話である。たしかに大型病院のほうがみた目収入は上げやすいが、それにまつわるコスト投入も多くなり、マネジメントの問題も含め、むずかしい部分が多々存在している。一方、中小規模の病院の悩みのポイントは近時の医療の流れについていくこと自体の困難さ、にある。

　近時の医療の流れは、高度化の流れでもあるため、どの病院も「各々のステージ」に応じた対応を図っていく必要がある。それは急性期以外の、回復期リハビリテーション、精神、慢性期医療、在宅、その他いずれであろうとも変わりない。ただし、一定の人材・資金等のリソースがなければ、そもそもの対応がむずかしいという実情がある。そうした意味では、病院の置かれているステージに応じて、金融機関がかかわる側面も異なってくることは確かである。とはいえ、一つはっきりしていることは、各々の病院が、こうしたコスト管理面で100％の達成感を得て、事業を繰り回している状況は考えられない、ということである。

　そもそも売上げを構成する側面については、個々の医師の力による部分が大きいため、事務方サイドでハンドリングできる部分はどうしても限られている。一方、コスト管理は「事務方がどのように工夫を行うか」という側面が強く、実際に金融機関が直接話している方々がその任を負っているケースも多くみられる。

　したがって、課題対応の一助となるコンサルテーションなどを紹介する云々も一つのかかわり方ではあるが、それ以前の話として、「現状の課題を正確に読み解き、コスト管理の責任者が物事を考えていくための一助となる」ことが、金融機関としてのかかわり方の基本線といえるだろう。

　やや踏み込んだ言い方になるかもしれないが、医療機関にとっての「コスト」は、他の産業の「コスト」と少しニュアンスの異なるものである。何かの投入財を混ぜ合わせてできる「最終製品」があるわけではなく、医師・看護師・医薬品・医療機器などフローにまつわるさまざまな要素が、医療とい

うサービスそれ自体であり、それに診療報酬という値段がついているにすぎない。よって、その根幹となる資源をどのようなかたちで効率的に組み合わせていくか、という積み上げの観点で考えていくことも重要である。

もちろん決算の報告を受け、PL・BSをみるなかでは当然「上がった」「下がった」の話になると思うし、そのこと自体に当該病院が置かれている位置づけや、医療の全体の流れが表れてくるだろう。そのことは真摯に受け止めつつ、同時に、建て替えを含む大型の設備投資など中長期軸の話を考えていく際には、どのようなコスト構造においてその未来図が実現できるのか、という視点をもつことが「事業性評価」という観点においても重要なものと思われる。

課題・ニーズ見極めのためのポイント

医療機関の「コスト」は、純粋な「材料」などではなく、収益の源であることを理解したうえで分析を行う。

① 医療機関の置かれているステージをしっかりと見極める（何をベンチマークとすべき病院か、をしっかりと見極める）。

② 繰り返しになるが、「コスト」は「収益の源である」という観点から「必要なものを削る」方向にはいかないよう意識をする。

③ そのうえで、「全体動向」と当該病院の比較や、中長期の投資時のコスト組立てを判断しつつ、冷静な分析を行う。

第5章　設備投資に関する見方

　本章では「設備投資」に関する見方をデータの側面などから追っていきたい。設備投資への対応は、金融機関がいちばん力を発揮しうるポイントである。そのなかで、医療業界特有の事象・他産業と共通するような事象の双方を整理していきたい。

1　「再投資可能な医療」再訪

　ここで少し前著『再投資可能な医療』の話を含み入れておきたい。前著で主に伝えたかったことは「医療においても一定のバランスシート思考が重要である」という点である。これは筆者の経験則において、特に2000年代の半ばのタイミングでは「医療機関の黒字・赤字」という話が喧伝されるケースが多かったことに起因する。

　「バランスシートをもう少し意識しておかないと、建て替えを含めた設備投資ができなくなる可能性がある」という点、そして「バランスシートをしっかりとしたかたちにするには相応の時間がかかるので、中長期での対応が重要」という点を軸に組み立てたものであった。

　これらの点については、現在においてもまったく同じ思いだが、同時に足下の状況で変化しているのが建築単価の上昇という側面である。医療機関の収入が診療報酬に左右されるなか、実際には大幅なプラス改定が想定しにくい状況で、建築単価が上がるとそれだけバランスシートの組立てが非常に厳しくなってくる。

金融機関側としても、建築単価の上昇に対して融資期間を長期対応するケースも散見されるが、調達との兼ね合いで考えると闇雲な長期化は現実的ではないであろう。また、現下の低金利状況では金利負担は限定的と思われるが、中長期にこの局面が変わった場合、フルデットなどで調達を行っているケースにおいて金利が上昇するような経済環境だからといって診療報酬が増加するということもなかなかむずかしいだろう。

　金利環境という意味で、現時点では具現化していないこれらのリスクではあるが、備えあれば憂いなし、という側面から本章ではバランスシートに係る点についてあらためてみていくこととしたい。

 医療機関のバランスシート

(1) 投資の側面

　まずバランスシートと償還年数などの一般的な概念を図表5－1であらためて整理しておきたい（配当も含めて記載しているが、医療法人の場合、ここは関係がない部分となる）。

　ここで重要なのは建て替えや大型の設備投資を行った際に、事後的にバランスシート等の水準がどのようなかたちになるか、という話である。

　同時に、上記議論をキャッシュベースで考えた場合には勘案されないが、つどの損益計算書には「減価償却費」として当該費用項目が出てくる。

　ここでは、第4章の並びで減価償却費の長期的な推移をみてみよう（第4章図表4－2参照）。ノンキャッシュベースの話であり、かつ実際の投資との対比でもあるため、この上下に一喜一憂する話ではないのだが、中長期でみると1ポイント近く、対売上高で減価償却費比率が上昇していることは、利益率自体が1％前後で推移している昨今の状況を考えると、気になるところである。

　一方、固定資産の動向をみてみよう（図表5－2参照）。

図表5－1　バランスシートのイメージ

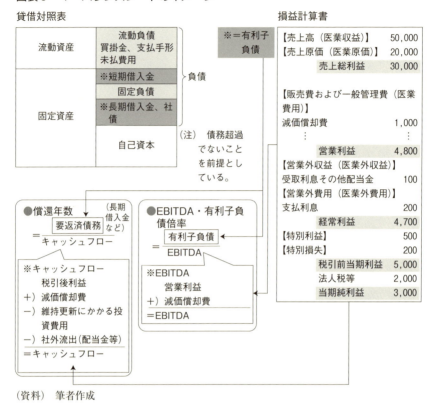

(資料)　筆者作成

　これについてはサンプルの変動による影響が大きいと想定されるため、厚生労働省の数字については2004年以降をみたほうがよいものと思われる。「実態調査」のデータでは2001→2015年で19％、厚生労働省のデータでは2004→2014年で（数字の動きの激しい「旧社会保険関係団体」を除くと）2割強の伸びとなっている。これはこの期間の収入の伸び幅などと比較するとモデレートなものであり、全体平均でみると病院が過剰な設備投資を行ってきたわけではないものと思われる。
　しかしながら、売上げの伸びが「実態調査」のデータでは約1.3倍

図表5-2　1床当り固定資産額

(単位:千円)

年	2001	2002	2003	2004	2005	2006	2007	2008	2009	2010
総　数	15,400	15,713	15,944	16,284	16,278	16,821	16,718	16,607	16,915	16,632
自治体	20,627	20,725	20,574	21,440	21,778	22,245	22,311	22,592	22,912	22,376
その他公的	10,427	11,508	11,169	10,943	11,723	12,383	12,708	12,136	12,251	12,382
私　的	7,828	7,368	8,968	9,031	9,370	9,697	9,209	9,226	9,769	10,075

年	2011	2012	2013	2014	2015
総　数	17,476	17,024	17,837	18,392	18,329
自治体	22,594	22,951	23,509	23,666	23,299
その他公的	12,516	12,600	13,325	13,310	13,685
私　的	10,259	9,110	9,659	10,078	10,735

(注1)　一般病院＋精神科病院＋結核病院
(注2)　各年6月中。
(資料)　(一社)全国公私病院連盟、(一社)日本病院会「病院経営実態調査報告」より作成

(単位:千円)

年度	2004	2005	2006	2007	2008	2009	2010	2011	2013	2014
医療法人	11,422	11,990	12,039	12,132	11,254	12,747	12,410	13,298	13,271	14,704
自治体	20,886	21,922	24,072	24,018	27,252	26,222	25,599	25,475	25,548	25,630
旧社会保険関係団体	14,616	15,170	12,923	11,747	13,469	17,755	17,040	14,301	4,914	22,193
その他公的	17,596	19,200	18,435	18,315	18,858	19,729	19,283	18,847	21,879	22,684

(注)　一般病院。
(資料)　厚生労働省「病院経営管理指標」(2012年はデータなし)より作成

(2004→2014年)になっており(第1章参照)、かつ固定資産の伸びが約1.2倍程度であるにもかかわらず、減価償却費の比率が上がってきていると想定すると、償却期間の短い投資が全体の割合としては増えてきている、という状況がうかがえる。

では、ここで少し角度を変えて「医療機器」のマーケットがこの期間にどのようになっているかをみてみよう(図表5-3参照)。

このデータをみる限り、全体としては、4割近くマーケットはふくらんでおり、これは売上高や医療費の伸びと似た動きとなっている。もちろん「医療機器」にもさまざまな項目が含まれており、診療材料費として経費処理さ

図表5－3　医療機器の市場規模推移

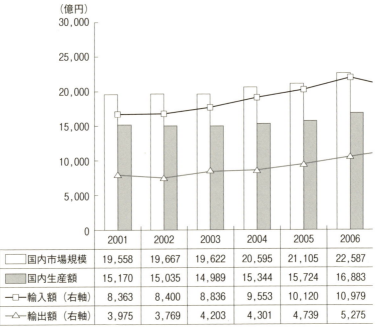

	2001	2002	2003	2004	2005	2006
国内市場規模	19,558	19,667	19,622	20,595	21,105	22,587
国内生産額	15,170	15,035	14,989	15,344	15,724	16,883
輸入額（右軸）	8,363	8,400	8,836	9,553	10,120	10,979
輸出額（右軸）	3,975	3,769	4,203	4,301	4,739	5,275

（注）　国内市場規模＝国内生産額＋輸入額－輸出額
（資料）　厚生労働省「薬事工業生産動態統計調査」をもとに筆者作成

れる区分のものも多数含まれているので、このバランスシートの議論にすべて含み入れられるものではなく、材料費の増減に一役買っている部分でもある。

　ただし、投資における医療機器向けへの比率が一定程度上がり、同時に医療機器は償却期間が短いことから、こうした機器投資の負担が減価償却費を若干ながら押し上げている側面もあると考えられる。

　同時に、この医療機器の上昇幅の（主には）枠外で、システム関連の投資も増加していることが想像される。これは委託費におけるコンピュータ・システム関連の部分ともリンクしており、当該委託率の上昇を含め、旧来的な建物への投資ではなく、大型の医療機器およびシステム系の投資による損益

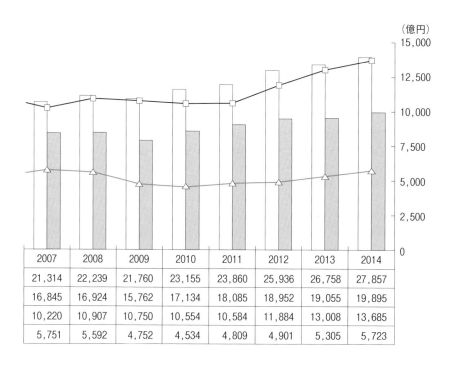

への影響が大きくなっていることは確かであろう。

(2) 借入れの側面

さて、ここで金融機関の貸出状況についても整理をしておきたい。クリニック等も含む「医療・保健衛生」という区分での推移をここではみてみる。

2010年以降、医療・保健衛生向け貸出金残高は増え続けている（図表5－4）。ただし中長期でみると2010年までは残高は減り続けてきており、このことは当該期間での病院数の減少、2000年代中盤の医療機関の厳しい収益状況、等々が重なっているものと思われる。

第5章 設備投資に関する見方 77

図表5-4　医療・保健衛生向け貸出金残高

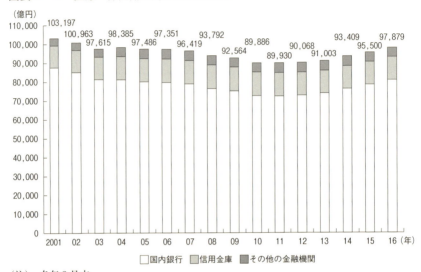

(注)　各年3月末。
(資料)　日本銀行「貸出先別貸出金」をもとに筆者作成

　では、2010年以降での反転をどう考えるべきであろうか。収益性についていえば2010年以降も低下傾向にあるため、本来であれば大幅に貸出が伸びる時期ではないのだが、債務弁済の長期化などが起こっているのであろうか。
　図表5-5の数字をみるとそうではなく、新規貸出額の大幅増がこれを牽引していることがよくわかる。もちろん2000年代後半の新規貸出の減少が一つのキーとなっていることは確かである。診療報酬のマイナス改定が続き、収益が悪化、また医療機関と直接のリンクはないものの、リーマンショック(2008年9月)以降の金融引き締め期に当たり、2008～2009年あたりが貸出額としては底となった。しかし、民主党政権期に入り、プラス改定もなされるなかで数少ない新規貸出先として「医療分野」が注目され、その傾向が2010年半ばまで続いている、というのが現状である。継続的に貸出額が伸びている分野が、医療分野および不動産分野であることは2010年代の特徴といえる。

図表5－5　医療・保健衛生向け設備資金新規貸出額

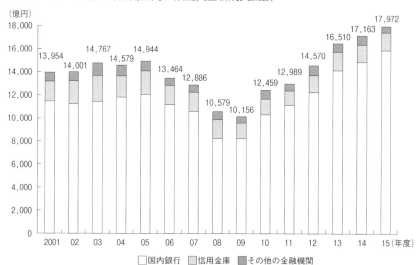

（資料）　日本銀行「貸出先別貸出金」をもとに筆者作成

　ここからさらに「医療業界全体のバランスシート」に議論を深めたいのだが、材料が不足しているため実際はむずかしい。

　いまここに存在しているのは、限られたサンプルの「1病院当りの固定資産額」および「全体に対する貸出残高」であり、この推移を合成すること自体には無理がある。ただしその無理を承知で、雑感としてみると、各々の病院は売上げ・資産額・借入額をある程度バランスよく伸ばしている可能性は高い（ただし、厳密にはこのバランスはデータが断片的すぎてわからない）。

　また、また違う指標になるが、図表5－6で2004年以降の「借入金比率」をみるとおおむね横ばいに推移しており、10～15年単位でみると、凸凹は特に2008～2009年前後を底に大きいのだが、全体のバランスはあまり変わっていないのではないか、と推測する傍証とはなろう。

　ただし、この流れのなかで2点ほど述べておいたほうがよい点がある。

　まず、1点目が収益性の低下という側面である。たとえば売上げ・設備投資・借入れがある程度パラレルに推移したとしても利益水準が低下したら、

図表5-6　借入金比率（一般病院）

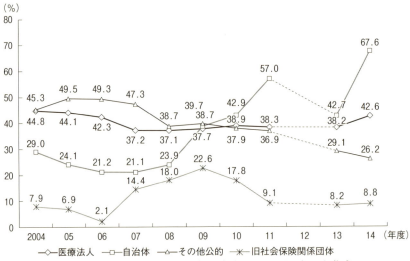

（資料）厚生労働省「病院経営管理指標」（2012年度はデータなし）より作成

当然ながら返済負担は高まる。そしてこれは現実にいま起こっていることでもあり、「長期」の設備投資を避けさせる一つの要因ともなっている。一方で、金融環境も含め投資余力が皆無ではないので、おのずと短期での設備投資には向かいやすい状況もあるだろう。

　2点目は、投資効果をどのようにみるか、という側面である。医療の場合、「設備投資」を行ったからといって売上高が伸びるという構図にないことは、医療行為が公定価格で定まり、かつ、病床規制があるなかで明らかである。ただし、実際には（移転新設を主体に）新しい病院をつくることが集患の上昇の契機となることも多々ある。もちろん集患はパイの取り合いという側面も強いが、増収要因となりうること自体は現実的な話である。ただし、返済原資となる利益を計上し、費用と効果がうまくバランスする範囲での投資でなくてはならない。

　これらの点については、以下の事業性評価の観点で少し掘り下げてみたい。

3　事業性評価の観点

(1)　近時の建築動向

　さて、ここまで断片的なデータで設備投資および借入れに対する見方を整理してきたが、本章の冒頭でも述べたように「**バランスシート思考**」**というのは、金融機関が提供できる情報・考え方としてはいちばん大きなものの一つといえる。**

　一方、上述のように長期的な投資を判断することが困難な状況にあるのも実情である。そしてそれに拍車をかけるのが、近時の工事単価の上昇である。図表5－7の数字をみてみよう。

　どの産業向けでも工事単価は2010年代に入って上昇傾向にあるが、投資効果が他産業に比べて限定的かつ収益性が低下している現在の医療機関にとって、この工事単価の上昇は、かなり大きなインパクトをもっており、着工床面積も足下で急速に減少している。この状況がどこで一段落つくかはまだ先行き不透明であり、東京オリンピックに関連した建設需要が堅調な状況では、今後数年間は厳しい状況が続く可能性もある。

　さて、こうしたなかで、事業者の付加価値向上という観点で金融機関は何を提供できるのだろうか。

(2)　金融機関のあるべきスタンス

　金融機関が医療機関の付加価値向上のために提供できることの一つは、**投資タイミングの見極め**であろう。上述したように変動要素は多々存在している。建築単価、収益性、診療報酬動向、それよりもさらに大きな制度動向、近隣のライバル医療機関の設備更新、自院での医師・看護師等の確保など、数十年に一度の大投資を行う際に考慮に入れたほうがよい項目は多数存在する。一方で、時間の進行とともに建物自体の経年劣化は避けられない事象と

図表5-7 病院・診療所の着工床面積と工事予定単価

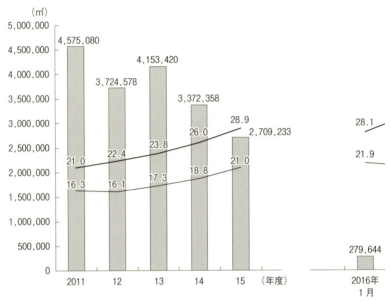

(注) 建築着工統計調査で調査されている工事費予定額（上記グラフでは工事予定単価）は、あくまでも予定額であって工事が着工してから完成までに要した実際の工事費ではなく、一般にこの種の統計は低めに表れる傾向をもっている。

して進行していく。おそらくは建物の経年劣化への対応を主体にタイミングを見据えて、病院内では建て替えプロジェクトが組成されていくであろう。

建て替えプロジェクトにおいては、なかなか現地建て替えはむずかしいので、近隣エリアに移転する、という話が出てくるかもしれないし、逆に現地での建て替えを実施するものの、その間に事業縮小を余儀なくされる、というケースも出てくるであろう。

これらをふまえてできあがった計画に対して、どのようなタイミングで金融機関は議論ができるだろうか。おそらく業況がよほど厳しい医療機関でなければ、概要が相当程度固まった段階で相談を受けることが多いのではないだろうか。ただし、その「固まった段階」では、各種要請をふまえて、一定割合でオーバースペックになっている状況も存在していると思われる。金融

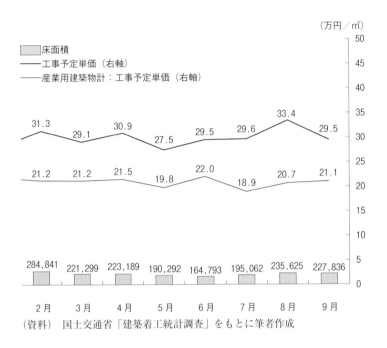

(資料) 国土交通省「建築着工統計調査」をもとに筆者作成

機関としては大型設備投資についてある程度厳しいコメントを述べる可能性もあるため、計画段階ではあえて少し大きめにみせるケースもあるかもしれないが、実情は「内部のさまざまな要請をふまえた合算結果」として計画が大きくなっているケースが考えられる。

　一方で、足下の金融環境ではかなり積極的にこの業界に資金が流れ込んでいるため、金融機関ではあまり厳しいコメントが出ずに、楽観的な収益計画でもこれを認めて、先に議論が進んでいく、というケースも考えられる。

　金融機関にとってのポイントは、**変動要素を勘案したうえで、どの程度のバッファーをもった計画なのか早いタイミングで議論できる状況をつくること**にある。また事業者としても、すべてが固まった段階でなく、進捗に応じて相談できる金融機関をつくっておくことがポイントとなろう。実際に、こ

の5年程度の間でも、投資額が当初計画より上昇し、一方で収益性は低下して当初計画と発射台から狂う、という話は多々あるものと思われる。変動要素による影響度合いを「当て」にいくのではなく、どのようなバッファーのなかで対応していくかが事業者側の腕の見せ所でもある。

今後の変動要因ということでいえば、やはり長期金利の上昇を含めた金利リスクがあろうし、また収益性の悪化がこれ以上続くことになれば、2000年代後半のような医療機関向けにシビアな金融環境が訪れる可能性もゼロではない。事後的に起こりうる事象に対処するにはスタート時点での信頼関係は重要な要素である。

(3) 設備投資に関する「経営力」

本章の最後に、設備投資に関して「経営力」はどのように発揮されているか、発揮されるべきかを整理しておきたい。

医療法人の経営者は原則医師であり、必ずしも設備投資の専門家ではない。ディベロッパー、メーカーの工場建設担当、スーパーなどの新店計画担当のように、たとえば10年単位でいっても何件も案件を手がけていくような立ち位置に基本的にはいない。また、スタッフ自体も、当然ながら日々の診療行為をどのようにまとめあげていくか、ということをベースとした人材が集められており、10年から数十年単位に一度行われる設備投資のために専門家がそろっていることは皆無である。ゆえに、そのつど、建築会社・設計会社をはじめとしたさまざまな専門家との議論を重ねていく必要がある。

さて、こうした観点もふまえ、事業性評価につながるポイントを整理しておこう。

課題・ニーズ見極めのためのポイント

経営者が設備投資をハンドリングするうえで必要となる以下の観点を補完する方法を考えていく。

① その投資により何を実現していくか、という中長期でのパースペク

>   ティブ
> ② そのうえで、プラクティカルに、長期・短期のバランスをもった設備投資の配分
> ③ 専門家も含めた外部との関係構築／人材育成

　金融機関が外部からできるのは、これらポイントに関する適切なアドバイスを行うため、上記の合わせ鏡のようなかたちで自身も独自のネットワークをもち、そして、医療機関と外部専門家のハブとなるようなかたちで機能していくことであろう。

第 3 部

経営力のあり方

　さて、第2部までは「経営」に関する話ではあったが、データに重きを置いたものであった。しかし、あくまでデータはデータであり、日常的に起こっている圧倒的な業務をさばくという意味においては、データに基づいた話だけで対処していくことは困難である。どちらかといえば、データ以外の要素が経営に占める割合が圧倒的に高い。この第3部では、経営者の胆力というある意味、定性的としかいいようがない話と、経営管理実務に携わる事務方の方々の努力・取組みという話の双方をテーマに「経営力のあり方」に関する考察を行いたい。

　なお、事業性評価という観点では、「課題を見つけるためのポイント」というよりは、医療機関側が「持続的成長や地方創生に貢献する」ために必要な要素というかたちで整理をしている。

第6章 医療機関の特性に即した経営力

　医療では「経営」が存在していない、という言い方を他の産業を中心にみている人がするケースがある。それについては、一言、**「経営は存在している」**ことを強調しておきたい。上場企業でないゆえに外からわかりにくいこと、医師が原則経営を行うかたちになっているため、「経営が本業」ではないという見方になること、実際に公立病院を主体に赤字となっている病院が喧伝されること、などがそういう言説の主要因だと思われるが、あくまで「経営」のあり方が少し異なる、ということにすぎない。

1 「経営」のあり方

　「病院の経営」は、実際どういうかたちで行われているのだろうか。病床規制があるなかで新規の病院開設自体がそもそも限定的であるため、近時は実際に一から病院自体を起こして展開してきた、というケースも限定的である。

　ところが、その病床規制以前は少し状況が異なる。さまざまなかたちで大学病院などから飛び出し、もしくは家業としての医院を継いだ面々が病院自体を大きくし、その先には複数の病院展開を行い、グループ化していく、もしくは病院以外の福祉系の事業を行い多角化していく、というケースが存在した。もちろん、圧倒的多数は一病院を地道に運営しているわけで、そうしたケースは必ずしも多くを占めるわけではないが、一方でそうして大きくなっていった病院の経営者は、地域および全国でも目立つ存在となっていく

ため、おのずとある種の「ロールモデル」を形成していくかたちとなる。

　そうした意味では、一つの経営のあり方として「たたき上げで病院を大きくしていった経営者およびその片腕」という「経営のあり方」がこの世界では一つ存在している。これはあまりデータ的な話ではないが、やはり1970～1980年代にかけて30～40歳代で病院を立ち上げ（もしくは承継し）、これを大きくし、現在70歳代に入っている世代がおり、そうした方々の存在は比較的大きく、そしてこの世代から各地で次の世代への承継が断続的に始まっているのが2010年代であろう。こうした方々の知見については、この後で少し触れていきたい。

　1970年以降の病院開設数の推移をみてみると、特に最初のピーク期（1979年頃）に向けて立ち上げられていった病院群、そうしたなかでも独立系の民間病院には、こうした勢いを感じさせるところが多いように感じられる。

　次に、近時で多いかたちは、すでに大きくなった病院や、昔から伝統ある病院で経営に携わるというパターンであろう。こうしたところでは、ある程度「組織」ができあがり、院長の役割、事務方の役割というのも明確になっている。もちろん「医療」という特徴的な事業が対象ではあるのだが、一般企業の成立ちに少し近い部分が増えてくる。ただし、そもそも一種のジョブローテーションのなかで経験を積みつつ、経営の中核に携わるという形態ができている病院と、一つの役割にかなり長い期間従事をし、専門家をベースに徒弟制的に事務方もできあがっている病院では、同じように「組織」ができていても、少しそのあり方が違っているのは確かである。

　一方、「事業再生」的なかたちで、組織を刷新していくというケースも近時は増えている。ただし、この場合、一種の吸収合併的なかたちと「独自再生」的なかたちの2パターンが存在している。前者の場合は、限りなく既存病院の新規プロジェクトという側面に近づいていく一方、後者は既存の枠組みを残しながら、どのように外部リソースを活用していくか、という話になっていく。このあたりについては第8章で「経営改善」という角度から述べていきたい。

このように、「経営のあり方」は、実際のところ千差万別である。ただ、直截に書くのであれば、最初の「立ち上がっていく時の経営知見」にかなり本質が宿っており、その後の「安定期」「変革期」においても、この際の知見を、時代にあわせてどのように活用していくか、というのが基本線のような印象を受ける。

　これが他の産業であれば、おそらく寡占化・大企業化・グローバル対応などがもっと早い段階で進展し、過去の経営との継続性というよりは、現在の組織における「新たな事象への対応」が当然にしてメインテーマになっていると思う。

　一方で、医療は、そうした流れとはやや分断されている。そもそも統廃合がしにくい組織形態であることなどから「寡占化」や「大企業化」は起こりにくく、また、本質的に「地域事業」であるから、グローバル対応というのもきわめて限定的なかたちでのみ起こっているのが実情である。

　医療業界自体はさまざまな変化が起こっているのだが、時代の変革に伴う「マネジメント様式の変化」が相対的には起こりにくい。このことが先ほどの「立ち上がっていく時の経営知見」の重要性とリンクしていると思われる。

2　「専門性」という領域

　ここまでは少し世代論的な話であったが、より重要な点は医療業界自体がきわめて「専門性の高い」領域であり、その領域にマネジメントという概念がどのように整合するか、という点であろう。

　第4章では、コストという観点で「人件費」の議論を行ってきたが、実際のところ、「コスト」というのは一側面にすぎない。やはりよい医師・よいスタッフが集患を可能にするのであり、よい医師およびよいスタッフをどのように集めていくかに尽きよう。

　はたして、医師や看護師はどのような観点で、その病院を選ぶのであろうか。医師についていえば、症例数をどれだけ積めるかという話が多くなってく

ると思われる。ただし、それだけで医師が集まるか、というとやはりむずかしい部分もあろう。近時は「ワーク・ライフ・バランス」という観点も重要になってくるかと思われる。そうした観点から、医師自身が暮らす場所という意味で、首都圏や各地の県庁所在地エリアのほうに医師が集まりやすい傾向があることは否めない。

　そもそも、①大学の医局からのローテーションで来る場合、②プロパーとしてその病院に就職する場合、と大きく分ければ二つのパターンがあり、同時に、大人数の病院・診療科か小規模な病院か、都心エリアか地方エリアか、というところで、各々の医師の役割も異なってくる。ここにたとえば「症例数」や「研究・論文」という「ワーク」の要素と、住環境や福利厚生・休日などを含めた「ライフ」の要素が絡み、どの病院で働くか／派遣されるか、が決定されてくることとなる。

　一方、看護師についていえば、その定着率・離職率は病院によりさまざまであり、さらにいえば同じ病院であっても時期によりさまざまであろう。ここでも「ワーク・ライフ・バランス」という要素が大きくかかわってくると思われる。そのなかでもワークという意味では看護部長の存在も大きいように思われる。なお、これは第9章でも分布を示すが、医師に比べると、小規模な都市における人口当りの看護師数は必ずしも少なくなく、看護師数が比較的充実しているエリアも存在している。看護師という有資格者の存在は、エリアを問わず重要であり、こうしたチームを束ねる看護部長の存在の重要性が増してくる、という側面がある。

　医師・看護師双方ともに重要なのは、そのなかでのコアメンバーをどのようにその病院に集め、定着させ、そして次の世代の柱を育てていくか、という部分である。ここには、リーダー層のもつ病院の方向性セットという側面が大きくかかわることは確かである。

　逆に、おそらく米国のような医療の世界でもきわめて資本主義的な概念が根強い状況であれば、そもそもの給与水準自体が医師を集めるうえで重要になってくると思われる。日本でももちろんそのような側面がゼロとはいわな

い。よい医師を集めることができる病院のほうが収益水準は高く、同時にサラリーも高くなるという側面もあるにはあるだろう。ただ、実際には、上述のように症例数であったり、その病院の環境であったり、ある種の師弟関係であったり、さまざまな要因が決定要因になっている。

　また他の業界と違い、医療の世界には二つのヒエラルキーが存在しているように思われる。一般的な業界であれば、「事業規模」に沿ってヒエラルキーが形成され、トップティアの企業から中堅企業、さらにその裾野の企業ということで、その業界の構図ができあがっている。ところが、医療業界にはその議論とはまったく違う、ある意味、「医療そのものの質」に伴うヒエラルキーが存在している。旧態依然とした言い方でいえば「大学医局」ということになるのかもしれないが、実際のところは、それだけではなく、たとえば国立系のやはり非常に高度な疾病が集まるところでの治療、ということであったり、もちろん医局的な側面であったり、さまざまな「専門家が専門家を評価する」という意味での体系が成り立っている。

　一方、他の産業でみられるようなヒエラルキーももちろん存在はしている。ただし、事業規模が大きく、収益性の高い病院やグループというのは、本当に限られた数となるので、そうした意味でのヒエラルキーというのは少なくとも医療業界のなかではあまり重視されていないように思われる。

　金融機関は、他の産業同様、それぞれの組織を格付して評価していくことになるため、必然的にある種のヒエラルキーが可視化はされる。しかし、そこで可視化される「民間病院のグループ系病院などがトップに立つ」ヒエラルキーと、「専門家が専門家を評価する」ヒエラルキーはあまりリンクしていないのが実情ではないだろうか。

　ただし、近時起こっているのは「この二つの融合」かと思われる。結局のところ、事業継続性を担保するためには、いわゆる他の産業でも活用されているような一種のマネジメントノウハウを導入していかねばならない、という話である。

　収益性が限界的な設定になってきているため、「専門家が専門家を評価す

るヒエラルキー」にのっとっているのみでは赤字が続く可能性があり、一方、一種のオーソリティを自院のなかに導入するのに苦慮してきたグループも、事業の舵取り次第では、そうした「専門性におけるヒエラルキー」を内包しうる可能性が以前より高まっている。そして、現在の低収益性が継続する場合、こうした傾向は続いていくのではないか、と考えられる。

「一歩先や半歩先をみる」経営

さて、少し1に話を戻すが、先人はどのようなかたちで、こうした専門性についてもうまくさばきながら、事業体を大きくしていくことができたのだろうか。

まず、象徴的な話として出てくるのが、「診療報酬改定前からすでにこうした動きをとっていた」というタイプの話である。

地域における必要性であったり、自身の医療行為の延長線上としての必要性であったり、ということで、診療報酬がつく前なのだが、こうした医療行為を実質的に行ってきた、という話はさまざまなレベルで出てくる話である。たとえば、緩和ケア対応であったり、回復期リハビリテーションであったり、現在は病棟・病床として昇華している治療行為も当初は確たる点数設定はされていないが、必要性に応じて実施されてきた、という側面は強いし、こうした大枠の話でなくとも、細かな話として医療の進歩につながるような取組みが診療報酬設定に先んじてなされることは過去から現在において多く起こってきたことである。

おそらく、医療におけるイノベーションの一つが、こうした治療に関するシステム的な話であり、薬剤の高度化、機器の高度化、という側面もイノベーションではあるのだが、やはり治療法・治療対応の進歩というのが一つのキーである。

「先人はどのようなかたちで」という回答の一つがまさにこういった部分にあるだろう。結局のところ、医療として現場レベルで必要な方法論を組み

立て、かつその先の議論をできるような組織をつくりあげることができるか、ということが大きなポイントとなってくる。

　ただし、新しい医療行為への展開はその病院がどのような姿勢で地域医療や先端医療に向き合っているかという点を規定していくし、またそうした新たな展開への意欲がないとうまく事業展開の構築ができないのだが、それが実額として収益そのものにかかわる部分としてどうかといわれると、そうした行為が行われていない病院との差は他産業と比べてあまり大きくないかもしれない、とは感じる。

　となるともう一つ大きなポイントが「大型の事業展開」である。これは、必ずしも上記のような積み上げの議論ではなく、まさに設備投資のセンスという話になってくる。

　実際に、1が2になり、2が3になり、というかたちで、規模としての話を考える場合、新規の病院施設、介護施設の建設、近隣もしくは遠隔の病院の買収、などという数十億円規模の投資判断が大きな要素となってくる。このあたりの設備投資の合理性に関する話は第5章で行ったが、新たな病院や吸収する病院を、（言葉は悪いが）どこまで料理できるか、という実務センスの話である。そして、この際に「過去に大きくしてきた経験」が直截に効いてくる部分がある。

　実際に、大型投資を実施した経験のある経営者は、特に病床規制以降限られているわけで、そのなかで過去に実際に医療機関を大きくしてきた経験をもつ人間のセンスは、「ダウンサイドが生じた際にも、どのようなかたちで切り抜けることができるか」という感覚をベースに、展開に関する規模感を規定し、その事業に投入する人材を定め、また医療的な意味でヘッドになる人間をアサインしていく、という行為を行っているように思われる。

　そして、流れとしてこうした行為がうまくいくと、また同じように新しい話が出てくるため「新しいこと」への対応頻度が高くなってくる。その繰り返しのなかで人材が育つわけだが、ポイントになるのは、「立ち上げ段階に関する時間的感覚」ではないか、と思われる。たとえばそれが、1970〜1980

年代に一つの病院を大きくするプロセスであってもよいし、近時急速に拡大するが、実際に一つ目の病院を軌道に乗せるのに5～10年の苦労をしつつかたちづくってきた、というかたちでもよいのだが、時間を費やすなかで醸成されてくる経験や判断というのは非常に重要で、そうした経験や判断力を動き続ける医療環境のなかでうまく活用していくことが重要である。そして、そのなかでは「どれくらいの時間で事業が立ち上がるか、安定するか」という点も重要な構成要素である。同時に、そうした経験値をいかに組織に落とし込んでいくか、がもう一つのテーマになってくるわけである。

4 事業性評価の観点

　本章で述べていることはかなり「定性的」な話である。そうした意味では、「事業性評価」という点においても非常に判断がむずかしい話になってくる。

　しかし、医療の世界におけるマネジメントのあり方の特殊性と他業界との近似性を理解しておくことは非常に重要な観点だと思われる。

　まず、1点目でいえば、近時の状況は、上記で述べたように、ある意味、医療制度的には安定していたかもしれないが、一方で病床規制もなく、成長に関して多様性が存在していた時代の経験を有する経営者やそのスタッフが、徐々に減少している状況にある。金融機関職員は、そうした経験を、より設備投資という議論とリンクさせて、膝詰めでディスカッションしうる希有な職業である。もちろん、ディスカッションを行うにあたっては相応の準備が必要なわけだが、こうした経験をふまえて、①積み上げでの新展開、および、②乾坤一擲の大投資、双方に関する価値判断をしていくことは、重要なことと思われる。

　2点目は、他業種で一般的なマネジメント手法をあまり過度に当てはめない、ということである。なぜ当てはめてはいけないか、という背景をここでは述べてきたつもりだが、単純にいえば、専門性の観点や、中長期での積み

上げの話などはあまり合理的に割り切っても簡易には判断ができないということである。逆にいえば、こうした「専門性」の議論はその背景を十分に聞いたうえで、前向きな要素をできる限り感じ取っていくことが大事であろう。こうした観点につき、軽々に「善し悪し」を判断するのはお勧めしない。

一方で、大型の投資などについては、必ずしも「医療」の観点でのセンスだけでは割り切れない部分もあり、やはりそこには金融機関としての役割が存在するであろう。現下の診療報酬体系のなかでは、今後も収益性の改善を楽観的にみるべきではないだろうし、さまざまな事象を理解したうえで、合理的な判断として投資金額や時期などの調整を議論していくことは、特に近時の「大型投資」の経験が少なくなっている状況では重要な部分がある。

事業性評価の議論は、「いかに金融機関が付加価値を提供できるか」という話であり、**その前段として、その医療機関の経営陣が持続的成長を可能とするための一定のスキルや胆力を有していること**が重要となる。そこをどうサポートできるか、となると、これは相当むずかしいのが実情ではあるが、まずは「理解」をすることが重要ではあるので、ここでは「持続的成長を可能とする経営要素」として、上述してきたポイントを3点あげておきたい。

持続的成長を可能とする経営要素

① このフィールドでの事業展開という経験やその承継という要素、特に時間感覚

② 同じく分野特有の「専門性」に関するハンドリング・ノウハウ

③ 設備投資という医療そのものの本質と若干異なる点への感覚

金融機関としては、さまざまな経営イシューについて全体バランスをふまえたうえで議論を行っていくことが重要であり、ここで述べているのは多分に定性的な要素ではあるが、こうした要素をしっかりと感じ取っていくことが、医療機関の付加価値向上や事業継続性に関連する議論を行ううえで必ず役に立っていくものと思われる。

第7章　経営管理上の着目点

　第6章では若干抽象的な観点からマネジメントをみたが、本章ではよりプラクティカルな話を整理していきたい。第1章や第4、5章で整理してきた数字を実際にどのように管理し、現場に落としていくか、という話である。このテーマを、外部にいる金融機関の人間がリアリティをもって書くのはむずかしいのだが、これまで記載してきたデータの補完としてある程度のことは示していきたいと思う。

1　数字と現場の話

(1)　金融機関の立ち位置について、など

　これまでいろいろな「全体」データを扱ってきたが、実際の個別の経営においては個々の医療機関の数字をどのように扱うかが重要である。逆にいえば、「全体」の話は参照さえしていない医療機関も多いだろう（そもそも全体の話があまりまとまっていないのも実際のところである）。
　そこで本章では、どのようなかたちで、**経営に関する各種データと、実際の現場を結びつけるか**、という話に進みたい。
　数字を扱うというと、基本的には自院で対応している患者層の分析を行い、そのなかで最適な治療を行うことができているか、同時にその行為が収入（および費用）とうまくバランスしているか、ということが分析主体となってくるだろう。また、医事という観点でいうと、さまざまな周辺事象と

比較しつつ診療報酬の取りもれがないか、という話を整理していくこともあろう。調達側についていえば、個々の医薬品や材料の調達に関して、同じくベンチマークとの比較でのプラス・マイナスを検討するかたちも近時では増えているかと思う。

これらについては、おそらくコンサルティング会社が個別に対応を実施したり、その知見などが落とし込まれたソフトウェアの活用を行ったり、というかたちで分析がなされているはずである。そして、金融機関としても、シンクタンク含め、こうした機能の紹介を行うことはできるかもしれない。しかし、金融機関自身が、そうした個別の分析ノウハウを身につけ、対応していくことは、あまり本道ではないだろう。

金融機関にとって必要なのは、その数字自体が全体の損益・財政および今後の事業展開自体にどのような意味をもっているかを判断し、かつ次の事業展開につながるように議論を行っていくことだろう。その意味では、医療機関内において、そうした数字がどのように活用されているかを理解していくことも同じく重要なポイントとなってくる。

(2) 「現場への落とし込み」百考

ここからは医療機関において数字を現場に落としていく際のいろいろなパターンとその背景をみていきたい。これまでも筆者は、普段の業務以外にもインタビュー原稿などの一環で、「どのように現場の数字をスタッフに落としてきたか」という観点での質問を経営陣に対して行ってきた。実際のところ、医療機関の経営陣が個々の医師に経営に関する数字を示す方法論はさまざまである。

まず、昔から多くある事例は、「数字を現場に示してもミスリーディングになるので数字は示さない」というある意味いちばんクローズドなやり方である。これは、他の事業体の従業員と異なり、医師の帰属意識がどこにあるか、という話ともリンクしている。「常勤医師、非常勤医師」「常勤医師においても医局派遣、病院プロパー人材」「病院プロパー人材でも勤続の長い医

師、入れ替わりで入ってきている医師」と医療機関には実にさまざまな人材が存在しており、その割合も病院ごとにばらばらである。

ゆえに、もしそのなかで、数字を示されることに対する潜在的な嫌悪感が強い人間が多い場合、そのことが生み出すマイナスが多いため、たとえプラスの側面があったとしても（これについては後述する）、マイナス面を意識してそうした行為を控える、という話になっているものと推測される。

ただ、そうしたマイナス面を意識しつつも、プラス面を考えた場合の「中間的落としどころ」があるわけで、それはおそらく「診療部長に対する情報のシェア」ということになる。そして、その際も「収入の水準を示す」「利益水準などまで示す」という分岐があるかと思われる。もちろん後者のほうがオープン度は高い。

このメリットとデメリットを勘案したうえで、「数字を明確に示す」ことにメリットがあるとすれば、それは各々のスタッフの経営へのコミットという話になるだろう。ただし、問題は「どこまで」が個々のスタッフの責務か、という点である。おそらく横並びで診療科を比較することにはほとんど意味がない。そもそも収入が高いところが大事で、そうでないところが大事ではない、という整理ではなく、収入自体は高いが費用も多くかかる診療科というのも存在している。あくまで「診療報酬という値段」も「利益」も、必要な医療行為の「結果」であることがほとんどである。

とはいえ、「調子が悪い」診療科はどのような病院にも存在しているし、設備投資を含めて新たな取組みを行いたい診療科も存在する。これらの診療科への対処を行うためには、「数字」はきわめて重要である。また、このケースはあまり多くはないが、某かの成績を個々の診療科や医師の「インセンティブ」にしている場合には、その管理も必要であろう。そして、そのような院内で議論が必要な場合、医師はサイエンティストでもあり、数字に対する感度も高いことから、「興味を示す」ことが多いかと思う。数字を示したとしてもあまり説得力のある議論ができないという管理者側の悩みもあると思われるのだが、多くの場合、定期管理を行う際についていうと、医師側

第7章 経営管理上の着目点

の「病院全体」への関心度合いが限定的であることなどが要因と思われるので、一概に数字を示すことは意味がないと考えるのは行き過ぎである。

　ただし、これはある意味の「綱引き」である。経営管理側は、全体をよい状況にもっていくことが必要であり、そのための「課題の見極め」を行っていく必要があるため、有事だけのディスカッションではやはり限界があるだろう。大事なことは、何を目的として情報開示を行うか、という視点が定まっていることであろう。先ほど述べたように、スタッフの混在状況は他の事業組織と比較しても医療機関は大きなものである。そのなかでは「目的」の共有は重要な要素を占めている。

　また、筆者がみている範囲にはなるが、よいかたちで運営が進んでいると思われる医療機関には、データを医師の医療行為に役に立つかたちで整理して説明できるスタッフがいる。もちろん、実際にその現場をみることはできないので、あくまで「こういう整理を行い、医師からはこういう理解を得ている」という話を間接的に聞くだけではあるのだが、そのことが伝わっているかどうかはある程度表情をみればわかる部分もある。それがさらに「数字につながる」ところまでいっているかどうかは、複合的な要因があるのでわからないのだが、そうした行為自体がまさに「工夫」であり、その「工夫」が繰り返される医療機関は強い。ここにおいても、経営改善を不断に行い、それがさらに医療機関自体の信頼を向上させる、という問題意識や目的とリンクしていることが重要であると思われる。

　さて、情報シェアのあり方として、「診療部長レベルにある程度の情報をシェアしていく」というパターンまで述べたが、最後に出てくるのは、「だれでも（少なくとも医師に対してはだれでも）情報をアクセスできる環境をつくる」といういちばんオープンなあり方であろう。ただし、これについていえば、やはり「目的」の話が出てくるかと思われる。先ほど、メリデメの話を述べたが、はたしてその「オープンネス」がどこまで経営の向上に役立つか、という議論は、こと医療については根強い部分がある。

　今後、ビッグデータ化が進み、医療データの取扱いがより進化するうえ

で、経営データは技術的にいくらでも分析可能になってくると思うが、そこは「武器をどのように使うか」というポリシーともリンクしていくので、経営者にとってむずかしい判断を求められる時代になってくるのではないだろうか。

 ## 管理スタッフの力

　上記では、「何を目的としているか」ということと、情報のブレイクダウンの度合いはリンクしているという話を述べた。

　実際、診療科ごとのデータの分析は、ある程度のノウハウがあれば際限なくできる部分もあり、たとえば金融機関においても、どの程度のデータ水準を求めるか、という話はあるが、際限なく数字をみていくことは可能である。ただ、結局、何のためにそれを行うのか、という軸がなければ、単に大量のデータを集めた、という自己満足に近づいていく。

　ここで述べておきたいのは、そうしたむずかしいテーマを日々実務として扱っている**医療機関の経営スタッフ**の「**力**」をしっかりと理解しておくことである。彼らの多くは、医師という専門家、看護師やコメディカルといった技能の高いメンバーからの理解を得て、経営を前に進めるための「エグゼキューション」（実行・実現）を行うために日々の努力を行っている。

　その優劣を評価することはむずかしいし、そうした枠組みは現在存在しないと思う。たとえその医療機関のさまざまな項目を評価し、DPCの調整係数のようなかたちで何かの評価軸を「医療機関自体」に対してはつくることができるかもしれないが、その経営をエグゼキューションするための仕組み自体を客観的に評価するのは困難である。ただし、よい医療機関には必ずそうした仕組み、あるいは人の動きが内包されている。

　どうやって、そうした組織をつくってきたか、ということも千差万別である。筆者の感覚にはなるが、やはり小さなところから組織を大きくしていく過程で「番頭」格の人間が存在し、そのなかで得たさまざまなことを口伝的

な要素も含め、次の世代が学び、体制が強化されてきたケースが多いような気がする。ただし、こうしたかたちは、1970年代に医療機関を大きくしていった層が去っていく昨今ではなかなかむずかしくなってきている。おそらく「つくりあげてきた世代」からすると、現在の医療機関の組織などが物足りなくみえる部分も多々あるかもしれない。しかし、こうしたなかでも次のステップに行くために、体制をつくりあげている医療機関は多々存在していることはあらためてここで述べておきたい。

　実際、日常的には「年間○○アワード」のようなイベントがあるわけでもなく、日々のなかでは経営陣と医師との間で板ばさみになり、不平不満を多々抱えている医療機関の経営スタッフも多いと思うが、そうした方々の力と、またある一定の方向に組織を収斂させている経営陣については敬意を表したい。

　また、1と2の話および前章の経営全般の話を加味したうえで、最後にもう一つ私見を加えておきたい。ことプロパーの医師を多く含む中規模の民間病院が主体になるかもしれないが、その診療科を「一病院・一クリニック」として総合的に運営するくらいの権限と責任を筆頭の医師（おそらくは診療部長）に委ねるといった方向が、今後より重要なのではないか、という点である。ただし、そこで医師に数字の管理を含めてすべて負わせても機能はしないため、サポートする管理スタッフを配置することが重要だろう。経営の本陣が最終的な手綱さばきを行うことが前提にはなるものの、繰り返しにはなるが、一定の権限委譲とサポートスタッフの配置、およびその経験をふまえたうえでの管理スタッフの継続的な育成が、この業界においては非常に重要なテーマになってくるものと思われる。

3　事業性評価の観点

　さて、事業性評価という観点から本章でも「持続的成長を可能とする経営要素」という点でまとめておきたい。本章で述べてきたことを幾つか整理す

ると以下のようなかたちになるだろう。

(1) 数字の管理を行い、還元していく際のポリシー

金融機関としても闇雲に細かい話を聞くことが大事なわけではない。知りたいポイントがあって話を聞くはずであり、その背景なり、ロジックをしっかりと把握していることが重要である。これは医療機関側も同じであり（医療機関側はこれがいかに説明できるか、という話になる）、どのようなポリシーで計数を管理しているか、を把握しておくことは重要である。そして、このあたりの感覚は医療機関ごとにかなり異なるのが実情である。

(2) 管理した数字を現場に落とし込むための工夫

より重要なのはこちらである。本文と重なるので繰り返さないが、この工夫にこそ組織の魂が宿っているケースが多い。

(3) 上記を実践する管理スタッフの存在（および努力それ自体）

同じく繰り返しになってしまうが、(2)に関する不断の努力が、組織の底力と密接にリンクしており、金融機関にとっても重要な結節点である。

持続的成長を可能とする経営要素

　計数管理の根幹となる以下の組織内の体制等もしっかりと評価していく。
① 　数字を管理し、還元していく際のポリシー
② 　管理した数字を現場に落とし込む際のノウハウ
③ 　上記を実践する管理スタッフの存在（とその努力）

以上、経営自体の話と少し離れる部分もあったかもしれないが、組織のミドルマネジメントやスタッフの役割の重要性を感じる機会が多いことから、この点につき少し紙幅をとってみた次第である。

第 4 部

経営力のこれから

　最後の第4部では、今後医療経営にとって重要となる3テーマを中心に、「医療の経営力のこれから」という観点で整理をしていきたい。
　1点目は、医療機関自体の経営が厳しくなった場合の対処であり、これまでの話の深掘りという側面である。2点目は、地域連携に関する話を述べていく。医療リソースの偏在などのなかで、地域連携はいっそう重要な要素を占めていくと考えられる。そして3点目は、介護など他部門への展開という点である。それでは順番にみていこう（なお、ここで整理していく話自体が、医療機関の付加価値向上につながるエッセンスであると考えられることから「事業性評価」という別枠は第4部では設けない）。

第8章　経営改善とモニタリング

　ここまでデータでも述べてきたように、利益率の低下は多くの医療機関に共通して起こっている事象である。こうしたなかで、既存債務とのバランスなどにおいて、経営の継続が困難にある医療機関も増加しているものと推測される。そうした点に関する対処について整理していきたい。

1　事業乖離のポイント

　まずは、そもそも経営改善が必要な状況がどのように生じるか、を考えてみたい。これまでの分析同様、「収入」「費用」「設備投資」が大きな枠組みとなってくる。ここでは、いずれも「事業計画」との乖離という点で話を進めていきたいが、実際には「事業計画」自体がしっかりと作成されていないケースも存在するため、これを四つ目の点としてあげておきたい。

(1)　収入面

　収入が事業計画と乖離するのはどのようなかたちであろうか。実際には、「患者数」自体が想定と乖離するケース、単価が思ったかたちでとれないケース、が主立ったところになるだろう。
　まず、「患者数」という側面でみていきたい。例示として、筆者が実際にみてきた事象などを列挙してみよう。

・在院日数が短期化するなかで稼働率が低下する。具体的には、既存病

床の稼働率を「現状維持」レベルでみていたが、これが低下傾向にある。
・新規事業部門や病床転換時において、新たな体制での稼働などに想定以上の時間を要し、たとえば初年度の計画が大幅に狂う。
・上記の延長線上にある話だが、救急強化等重篤な分野への対応を想定するが、現場での対応回避や、実際に患者が回ってこないなどの状況が生じる。
・既存診療科を中心に思いがけないかたちで医師・看護師に離脱などが起こる。
・その他、外来から入院という流れが想定以上に少ない、地域連携が機能しない、など。

　こうした事例のなかには対処可能な部分と、対処がむずかしい部分が混ざっている。実際、事業計画を策定する際に、患者数の減少を想定しながらプランを立てるのはなかなかむずかしいことであり、特に総合病院において診療科ベースの積み上げで計画を策定する場合、「伸ばしたい」分野以外、「現状維持」でおいていくケースは散見されるであろう。ところが、実際には、たとえば「在院日数の短期化」による単価増という目標も同時に織り込まれている場合の患者減や、競合や地域環境の変化に伴っての患者減など、「現状維持」がままならないケースは多々ある。

　診療科ベースの積み上げによる計画の策定はなかなかむずかしい部分があり、病院の収入という観点でいえば、やはり時期によって、「この部門が強いが、この部門は弱含み」というケースも多々ある。そうした意味では、既存部門の凸凹については、ある程度、全体でどう補っているか、という観点も重要になってくるだろう。

　一方、「新規部門」や「病床転換」時の見積りは、ある種「予見がむずかしい」部分であるとともに「過度な期待」を入れ込んでしまうケースが多々ある。もちろん、計画をあまり低めに見積もると単純に元気が出ない、とい

うこともあると思うが、それは目標値と計画値の違いとして扱えばよい部分である。この「目標値」が「計画値」としてそのまま使われるようなケースにおいて、上記のようなさまざまな乖離が生じやすい。

　実際、新たな施策を打った場合にそのかたちが安定的になるまで半年から１年かかるケースは多く、病床転換のような既存の体制のなかでの組替えにおいても安定までには往々にして時間を要するものである。まして、これが新しく始める事業である場合、それがどのような事業形態であっても軌道に乗るまでに時間がかかるケースは多い（逆もまたしかりで、ニーズをしっかりつかみ、想定以上に患者が流れ込むケースもあるので、金融機関ゆえのコンサバティブな見方ということでご理解いただきたい）。

　こうした点をふまえて、**どのように計画を策定するか、という点や、「ずれ」が生じた場合に、どのようなかたちでこの補完を行っていくか、という点**は経営陣の腕の見せ所でもある。

　第６章で述べた話は、ある意味「胆力」のような話であったが、ここで述べているのはもう少しプラクティカルな話であり、こうした点は多くの経験を有する番頭格の人間や現場スタッフが非常に重要となってくる。

　一方、いちばん対処がむずかしいのが「医師・看護師による突然の離脱」である。そして、これが意外に少なくないかたちで発生することは医療経営に従事している方なら納得されるのではないだろうか。

　さすがに部門ごと移籍するようなケースは頻繁には起こらないが、主要な医師が抜ける、あるいは看護師が連鎖的に抜けるというケースは少なからず生じており、その際の対処には「時間を要する」ものである。特にこうしたケースが生じやすいのが、「新たな事業の立ち上げ」や「経営改善のためのテコ入れ」などを行ったケースである。要は「あちらを立てるもこちらが立たぬ」というような話であり、そうしたケースは必ずしも軟着陸的な展開ではなく、どこかのタイミングで「唐突」に起こるケースもあるので、対処にも時間を要するかたちとなる。この場合、こうした事態が生じることに、変な意味ではなく、場数としてなれている経営陣の存在は重要である。もちろ

ん、金融機関も、コンプライアンス的な話と異なり、人材面の離合集散的な事象を過度に原因追求することには限界があると考えたほうがよい。要は、起こった事象をどのように補っていくかであろう。逆に、そうした事象をだれかに責任転嫁するような対応を経営陣がみせる場合は、相当留意が必要である。

さて、「患者数」の次は「単価のずれ」という点である。たとえば以下のようなケースがあげられよう。

・手術件数等の伸び悩みにより、じりじりと単価が下がってくる。
・診療報酬改定に伴う単価引下げ。もしくは、診療報酬改定での単価引上げ箇所につき想定どおりの対応ができない。
・計画時に見込んだ新規加算がとれない。

これらのケースも、多くは「患者数」の話と同様、既存部分の漸減的な話と、新規部門の見込み違いという話である。

診療報酬に関していえば、その対処の巧拙は医療機関のある種職人的な強みであり、この対処にたけたスタッフに関して何かモノをいえる金融機関の人間はいないと思う。もちろん、後追いの勉強でなんとかできる部分もあるが、やはり実務としての積み上げに勝るものはない。したがって、この点を正面から「上がりましたね、下がりましたね、なんでここがこういうふうに対処できないのですか」などというかたちで話すことは論外であろう。

ただし、「患者数」の話と同じであるのだが、新しい取組みに対処した際の見込みと結果が乖離する場合については、その限りではないだろう。「何がどの程度見込みからずれてこのようなかたちになっているか」は、ある程度掘り下げるべき点と思われる。その目的は、「何がだめか」を見極めるためではなく、「どのような時間軸で、回復もしくは当初目標の達成が可能か」を見極めるためである。筆者自身も、何度もこうした「確認作業」を実際に行ってきたし、やはり、これは「過去の失敗」をトレースする際と同

様、最も嫌がられるタイプの話である。ただし、もし計画の乖離要因として、こうした単価要因がクリティカルな場合、やはり避けては通れない点であり、同時にその対処に関する考え方などに経営の能力が如実に表れてくるものであろう。

(2) 費 用 面

次は費用面であるが、これも大きく分けて、人件費での乖離という側面と、薬品費、医療材料費、委託費などでの乖離、が存在している。

ここでは、まず「薬品費、医療材料費、委託費」といった点での乖離をみていきたい。

・収入自体は伸びるが、当該診療科がコスト高であるため、結果として全体のコストがふくらむ。
・事業計画に織り込んでいたコスト削減がうまくいかない。
・委託費の見積りが当初甘く、高止まりしたまま推移する。

まず、1番目であるが、これは決して誤解をしていただきたくないのだが、こうしたかたちになることが「悪い」というつもりは毛頭ない。それこそ「ある部門だけ取り出して、その是非を問う」ことの最も悪い例となるだろう。ポイントは、当初の見込みとバランスが異なることに対して、きちんと整理をしておくことである。

一方、2番目、3番目は「見積りと異なる点」である。おそらく次に述べる人件費と並び、このあたりが経営改善という概念のなかで対応が最も困難なところとなってくるだろう。多くみられるパターンは、表面的にある項目の数字は下げることができるが、別の項目の数字が上がり、結果として全体の費用削減があまりみられない、というケースではないだろうか。

こうした費用の議論を行ううえでむずかしいのは、「費用の効率化をかなり進めているのでこれ以上はむずかしい」という議論と、一般論もしくは費

用効率化がうまくいった側からの「病院にはコスト面での余剰がまだまだある」という議論が混在してくることではないか、と思われる。前者は優良な病院での議論が多いので、「費用削減はむずかしい」という極端な結論はないわけだが、一方で「コストに余剰がある」といわれても困る病院が多いことも事実であろう。同時に、ベンチマークに関しても、「同類の病院」の数字が「公表」されているケースはまれであり、さまざまな病院が混ざった平均値データとの比較がむずかしいことも事実である。後者については、実際に「横でのグループ化」を行い、情報をシェアしている優良病院も少なからず存在しており、このあたりは「共同購買」という話だけでなく、一種のインフラづくりとして重要な部分でもある。

　以上をふまえると、経営改善が必要な病院に「うまくいっている事例」と「その悩み解決手法」を当てはめて、計画の数字をつくることは相当むずかしい部分があるというのが筆者の実感である。おそらく足らざる部分を列挙すると、①そもそものバイングパワーの弱さ、②コスト管理を行う経営管理部門の現場に対する弱さ、③情報収集力の弱さ、等がコスト高の要因になっているので、さまざまな施策がなされたとしてもこれら要因が壁になるケースというのは念頭に置いておいたほうがよい。本書がコンサルテーションに重きを置いた書物であれば、「どのような施策が奏功したか」という話になるわけだが、ある程度平均的にどういうことが起こりうるかを本書では述べたいので、「施策が奏功する例もあるが、やはり簡単にはうまくいかない例も多い」という点を申し添えておきたい。このあたりは2で少し深掘りを行いたい。

　次に「人件費」の乖離という話である。また事例を考えてみよう。

・退職金が想定外に増嵩した。
・非常勤や委託コストが、医師の交代や医局との兼ね合いにより増嵩した。
・新規開設見合いによる先行調達というかたちでの人件費増が結果とし

> て収益に結びつかない。

　人件費はとにかく取扱いがむずかしい費用項目である。費用項目のなかで最も目立つポーションを占めるが、医療においては「結果」という側面がきわめて強い。上記1・2番目の乖離事例も「結果的に増加」したものといえる。人件費については、予見できるところはできるだけ事前に計画に織り込んでおくことに尽きるわけであるが、現実的にはなかなかむずかしい話である。退職金の議論は別にして、非常勤や委託コストについては中長期でどのような対応を練っていくか、という少し長い時間軸の話としてとらえたほうがよい。ゆえに、いったん金額水準が上がり始めている場合、こうした当初予定外の費用項目の削減は簡単にはできないと考えておいたほうがよいだろう。

　一方で、非常に多くみられるケースが3点目である。これも本当に判断がむずかしい話であり、他の産業と異なり、多くの場合、看護師や医師自体が先行的に雇用され、新規部門のスタートを待つ形式となる。これが見込みどおりの集患となり、コスト管理もスムーズにいけばもちろんなんら問題はないわけだが、実際にこれが思ったかたちにならないケースは驚くほど多い。そうなると、「前期は将来のための体制整備で費用負担が重かった」という話が、また翌期にも同じように繰り返され、「今期も翌期以降のための費用負担が重かったので」などと少しずつ話がずれ込んでいくかたちとなる。

　ここから先は第6章で述べたような胆力的な話につながってくるのかもしれない。経営改善という観点では、見込みと実績との乖離につきどのような対処ができるかがポイントになってくるが、この点については**判断タイミング**が重要になってくるだろう。特に医師についていえば、「一つの大きなプロジェクト」として医師を招聘するケースも多々あるので、短い期間で結果の是非を判断することはむずかしい。ただし、全体のバランスとして、その部門の低稼働が全体収益にも影響を及ぼしている場合は、他の部門、特にメイン格の診療科などに対してのバランスなどの議論も生じるので、この

あたりをどのように対処していくかは非常に重要である。

(3) 設備投資関連

> ・特に収益に結びつかないかたちでの更新投資が一定以上発生する。
> ・医師の要望に応じた機器の導入が結果として収益に結びつかない。

　設備投資は、ここまで述べてきた「収入」「費用」という話に直結するため手短に述べておきたいが、「収益に結びつかない」というのは、たとえば電子カルテの更新投資などをイメージしてもらうのがよいだろう。もちろん、直接的な収益増には結びつかないものの、その投資の意味合いは収益とは異なる部分で多々あるため、売上げに直結しないが必要不可欠なものとしてこうした投資が発生するケースはみられる。必要不可欠な投資であることから、それを省くわけにはいかないのだが、計画段階での織り込み不足などで想定を上回るキャッシュフロー負担等の事態が生じる。

　これについては、計画段階でどのように物事を組み立てるか、という話になってくる。たとえば「維持起業費」という概念のなかで、設備投資は更新に係る負担が一定水準で伴うことを前提にキャッシュフローの見積りを行うことが重要であろう。スポットの投資金額だけを想定する向きもあるかもしれないが、やはり長期継続的な経営を行うには、つど更新投資が発生することを前提とした事業の組立てをできるかどうかがポイントとなってくる。

　その一方で、後段の思ったかたちで収益があがらないという話は、収益・費用部分で述べてきた部分と重なるものである。ただし、こと設備投資についていうと、「部門としての収益は高くはないが、患者を呼び込む契機となる」という言説は時に聞かれるものである。このあたりはどう考えたらよいだろうか。

　実際によくある話としていえば、治療としても最先端であり、医師確保という観点でも意味があり、また病院自体のイメージも向上する、という「数

字以外」の効果はあるものの、当該設備を直接利用する患者の数は限定的である、というケースが思い浮かぶだろう。これは大変悩ましい点であり、どの程度を許容していくべきかについて、正解はないのではないだろうか。そうした投資が過度であるかどうかについて、現場の診療部長、医師が各々判断できるカルチャーができあがっていることが望ましいが、これを「経営改善」を要する病院にすぐに求めるのはむずかしいことといえる。

(4) そのほかの側面

さて、ここまでは「計画との乖離」についてのさまざまな可能性を述べてきたが、実際には明確な計画が存在していない、もしくは「計画を立てにくい」ケースもあるかと思う。特に法人が小さいほど、作成の必要性やスタッフ数の問題などで悩ましい問題が生じるのが実情であろう。

経営改善は、あくまで計画があって、実績との乖離について対応を行っていくことが常道ではあると思うが、実際にはすでに状況が悪くなった段階で相談が持ち込まれて、という話も少なからず存在している。この場合、やはりどのようにスターティングポイントをつくるか、という点が重要になってくるだろう。つまり、その状況から改善していこうとする医療機関自体の「意志」が必要不可欠ということである。

なお、業況が悪いといっても、そのスタート地点は千差万別であり、(4)についていえば、(1)～(3)と異なり、法人内に経営という観点でキーとなる人物がいないケースがみられることも申し添えておきたい。

 ## 2 経営改善

1では計画との乖離パターンを述べてきたが、「事業性評価」というテーマにおいて重要なのは、計画との乖離に対する「改善提案」であろう。

その改善提案であるが、経営改善に対応する事例を数多くみていくと、**それぞれの法人で「対処しなくてはいけない」ポイントが幾つかに絞られてく**

るケースが多い（もちろん受け手のキャパシティとして、課題を列挙しても絞り込まざるをえない側面があるのかもしれないが）。ただし、そのポイントは、要は1で述べてきたことの裏返しである。さまざまな課題のなかで、どのように優先順位づけしていくかという話になってくる。

　同時に、金融機関の立場からいうと、このフェイズではコンサルティング会社や会計会社などにある程度の状況整理を依頼することが多いかと思われる。また、再生系の話でファンドなどに依頼する場合も同様の状況が生じるであろう。

　そして、そうしたプロセスのなかで、ある程度数字が洗われてくると、思っていた以上に「厳しい数字」が出てくるケースもみられる。いわゆるデュー・ディリジェンスの結果、以下のような幾つかのケースに分かれてくるであろう。

1．改善可能な水準の数字・経営者も改善に対する意欲が強い
2．改善可能な水準の数字・ただし経営者自身はあまりその数字の「悪さ」に対する自覚が少ない
3．改善が相当ハードな水準・ただし経営者は改善の意欲あり
4．改善が相当ハードな水準・経営者も「あきらめている部分」あり

　もちろんこれ以外のケースもあるだろうし、「改善が可能」と考える水準も受け手によって異なってくるであろうが、たとえば償還年数が20〜30年＋α程度の話を「改善可能な水準」、同年数がたとえば40年超の話を「ハードな水準」というかたちで考えてみたとする。ただし、この数字はあくまで「いま」の数字である。こうした「経営改善」の議論が行われる場合、次の設備投資の話がリンクしているケースが非常に多い。要は、新たな設備投資、主には建て替えなどが可能となるか、という話である。

　上記のケースでいえば、1．についてはあまり問題がないだろう。ただし、こういうケースはまれであろう。なぜなら、そういう経営マインドがセットされている状況のなかで「改善」を要するとなると、よほどの予期せぬ事態により経営悪化状況が生じたという話になるからである。もちろん近

時は、医療行政の動向とはまったくリンクしないかたちで建築単価の上昇などが進んだ結果、昔であれば「次のステップにスムーズに入れた」医療機関がなかなかむずかしい状況となっていることも散見される。そのあたりも含めると一定の医療機関がこのゾーンに入っているが、このケースは引き続き改善意欲をもって外部の機関も含め院内の体制整備をしていけば、ある程度ゴールに近づいていくことができるであろう。

一方、数的にメインとなるのは2．のケースではないだろうか。2．のケースは、やはり本書の第1部で述べてきたような「全体の数字の動き」とリンクしている。つまり制度要因による計数の悪化は「やむをえない」というタイプの議論である。そして、実はそれは多くの場合、そのとおりなのである。「不作為」という言葉があるが、まさにそうした状況が継続するなかで、結果として「建て替えなどがむずかしい」という話につながるわけである。

とはいえ、制度要因で継続的な事業運営を本当に放棄するか、というと、実際はそのようなことはないと思われる。この場合、「どのようなかたちで改善の必要性を理解するか」がポイントとなってくるであろう。ここがいちばん時間を要するところではあるのだが、「地域のため」「従業員のため」「事業承継のため」などさまざまな切り口において、ある程度の妥結点は見出されるのではないか、と思われる。

また、こうしたケースでも、多くの場合、外部コンサルタントの導入がなされていくと思う。そうした外部からの視点は「口に苦い」ものだとは思われるが、「同じ船」に乗るかたちで事業推移をみてもらえる外部の機関と組んでいくことは重要になってこよう。一歩踏み込むかたちで、たとえば経営改善にかかわる会議体の運営などを得意とする機関の活用が上手にできれば、次のステップがみえてくる可能性も高まる。

一方、「経営改善がハードな場合」では、救済的なかたちで外部の機関（たとえば医療機関自体）が入ってくることで次のステップを見出すケースもあろう。とはいえ、これは救済する側からしても相当「選択」的な話であり、

実際には頻繁にはみられない。ただし、外部機関からの救済を見込めるだけの状況をつくるために、どこまで自力で回復できるか、というなかで、そうしたスポンサー的事業者の存在が出てくる可能性もある。

4．の「あきらめてしまっている」状況はだれにも手の施しようがないが、「あきらめないで進める」ことで到達可能な水準というのを冷静に見極めておくことは重要ではないだろうか。

　モニタリング

さて、経営改善のなかで非常に重要なポイントが「モニタリング」である（特に金融機関からみた場合）。このプロセスを怠った結果、本来うまくいく可能性もあった経営改善が途中で頓挫するケースもあると思われる。

たとえば債務処理を行って再スタートするケースや、経営層の交代など荒治療が行われてスタートするケースもあろう。一方、体制は現状のまま外部の協力も入れつつ、なんとか「建て替え」までもっていこうという議論がなされるケースも相対的には非常に多いと思われる。

いずれの場合も、数字はきわめて重要である。しかし、ポイントは**「数字は大事」ということと、「数字だけではない」ということのバランス**であろう。多くの場合、経営改善のプロセスで数字は「ずれてくる」。この章の1でみてきたことは、そのようなポイントでもある。

第6章および第7章で述べた話ともリンクするのだが、一定の経験則のなかで「数字の振れ幅」「時間軸のずれ」に対して、許容範囲と見極めのバランスをもっておくことが、法人自身および金融機関を含めた外部機関双方において重要である。

ここで述べていることは多分に精神論でもあるが、さまざまな事例をみていて思うのは、外部の人間がかかわることで「変化をもたらす」のはなかなか大変である、ということである。救済を含めて複数の病院を抱え込む医療機関もあるが、そうした場合も病院の経営改善で苦労した内部のメンバー

が、また腰をあげて、その新たなプロジェクトに立ち向かうというケースも散見される。このプロセスは、高度急性期病院が地域中核病院としてどう取り組んでいくか、という議論などとはかなり異なる「職人的」色彩の強いものである。

　しかし、オンサイトでこうしたプロセスを見守り、次の事業展開につなげる経験をもった人材・組織の存在は非常に貴重であり、金融機関としてもそうした相手とのコラボレーションを行っていくことは大変重要であろう。ただし、こうした議論と、地域中核病院がいかに次のステップに進むか、という議論はやや異なることも意識しておいたほうがよい。要は、よいコラボレーション相手を、その状況をみて判断していく、ということである。

　経営改善というテーマについては、なかなか具体の事例まで踏み込んで記載するのがむずかしいことと同時に、あまり「成功例」だけを記載することに本質的な意味が乏しいと思われるので、ここでは「経営改善」というテーマにおいて生じる「さまざまな課題」をシェアさせてもらうことを中心に記載した。

第9章　医療機関の連携について

　前章では、経営改善という「現状復旧」的な話を書いたが、本章はもう少し先を見据えて、広域連携の必要という観点での整理を行いたい。医療資源につきある程度の地域ごとの偏りを前提とした場合に、その偏りの度合いをふまえたうえで、いったい何ができるか、という話でもある。

　まず、1では各種医療資源の地域分布をみていく。そのうえで2において、対処の方向性を探っていきたい。

1　医療の地域分布

(1)　医療人材の分布状況

　第3章でも一端を紹介したが、本章では二次医療圏を、①東京都・大阪府・愛知県、②各都道府県の県庁所在地を含む医療圏もしくは圏内人口50万人以上のエリア、③圏内人口20万～50万人のエリア、④圏内人口20万人以下の4エリア（順にAエリア、Bエリア、Cエリア、Dエリアと呼ぶ）に区分したうえでの分析をもう少し広げたかたちで整理をしたい（なお、第3章では需要のピーク期の分布と、高度急性期病床の分布を掲載している）。

　図表9－1～9－3では、医療人材の分布状況をみていきたい。

　まず「医師数」については、県単位でみると東低西高という側面が歴史的には強い。ただし、図表9－1のようにこれを二次医療圏ごとの分布としてみてみると、また違った姿が現れてくる（なお、この章では病院に所属する医

図表 9 − 1　医師数（病院・人口10万人当り）と圏内人口

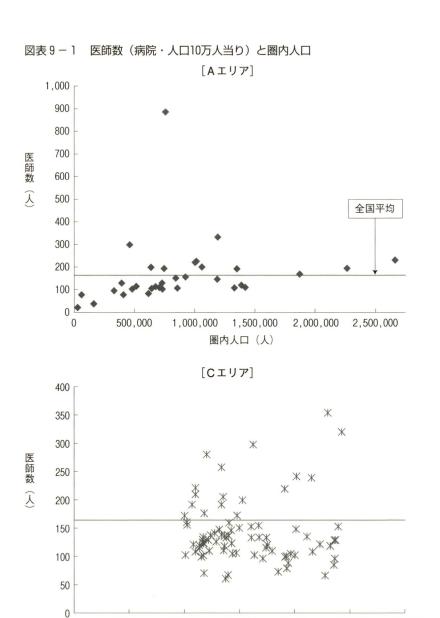

（資料）　厚生労働省「平成26年病院報告」(閲覧第38表：従事者数、職種・二次医療圏別)お

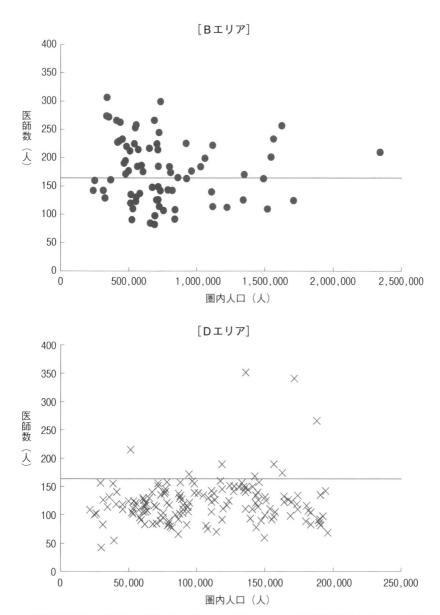

よび「平成23年患者調査」・「推計人口」(第3章図表3－2にて詳細記載)をもとに筆者作成

図表 9 − 2　医師数（病院・人口10万人当り）と一般病床入院患者数ピーク期

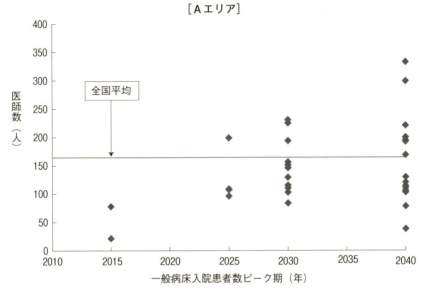

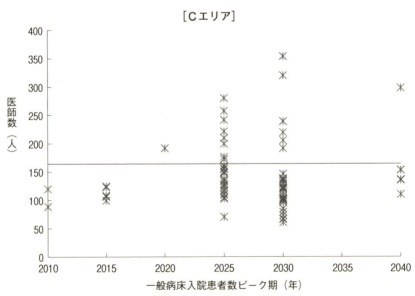

（資料）　図表 9 − 1 と同じ

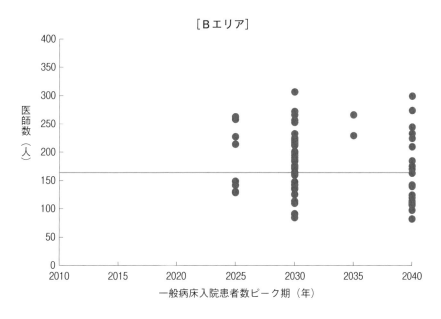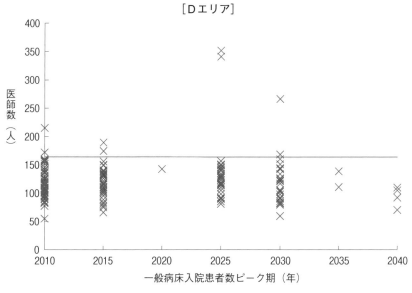

図表9－3　看護師数（病院・人口10万人当り）と圏内人口

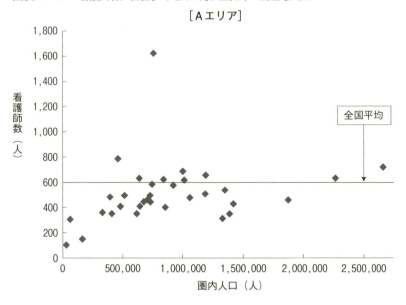

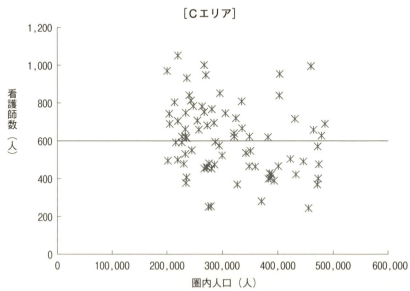

（資料）　図表9－1と同じ

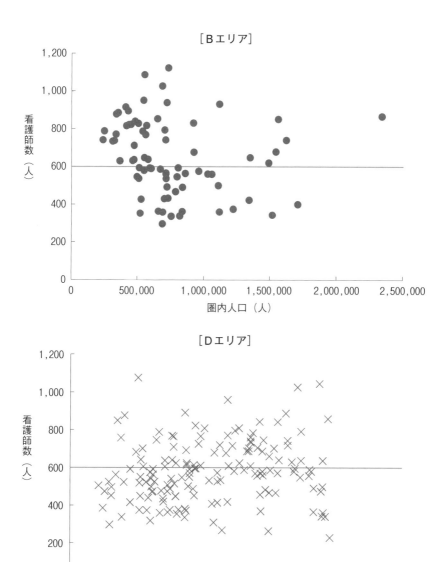

師数を比較している）。

　この表でみるとおり、幾つかの突出したエリアの存在を除いても、人口10万人当りで60人程度のエリアから300人程度のエリアまでかなりのばらつきが存在している。また、平均値（人口10万人当り164人）との比較でいえば、やはりCおよびDエリアでの医師数の少なさが目立つ。これについては「医師の偏在」としてかねてから述べられてきた点でもある。

　また、第3章でみた今後の需要（一般病床のピーク期）と、医師数とのバランスをみてみよう（図表9－2）。あくまで現時点の医師数との比較であるが、「ピーク期が先であるにもかかわらず、現在でも医師数が平均以下のエリア」としては、Aエリアでは東京都・愛知県、Bエリアでは神奈川県・埼玉県に含まれる医療圏が多く、都市近郊での人材確保のむずかしさが垣間みえる。

　一方、平均を大きく下回る「医師数100人以下」のエリアの多くは、CおよびDエリアに存在している。当然ながら、こちらも深刻な課題であり、そもそもの医師数が少ないエリアの場合、各医療機関に打てる手は限られており、この点は強調しても強調しすぎることはない。

　医師数という面では、都市部を主体とした「需要増」エリア、過疎地域を主体とした「絶対的不足」エリア双方に課題が存在している。ただし、この課題は方向性がまったく異なるものでもあり、その両立はむずかしい話でもある。

　一方、看護師数についてもみてみよう。

　比較の問題ではあるが、図表9－3をみるとわかるように医師ほどの偏在はみられない。ただしAエリア内においても人口当りでみると少ないエリアが点在することは一つの特徴である。

　実際に、地方にいけばいくほど、産業としての医療・介護の位置づけが重要なケースが多い。そうした意味では、医師と比べて、看護師が平均値を軸に人口の少ない医療圏でも「多いエリアもあれば、少ないエリアもある」という点は特徴的な部分である。

(2) 「病床機能」に関する地域状況

　高度急性期の分布については第3章でも少し触れたが、ここで少し繰り返しておくと、高度急性期病床自体は2014年調査では全病床中の15.5％なのだが、実際、C・Dエリアには「高度急性期」病床が一定数以上存在しているという二次医療圏は少ない。一方、高度急性期病床の比率が高い二次医療圏も幾つかも存在しているわけであり、このあたりは広域連携上の一つの切り口となってくる話である。

　一方、慢性期病床についてもみてみよう（図表9-4）。

　特にDエリアについては、あくまでここでは比率でみているので高度急性期病床の少なさにも起因する部分もあると思うが、きわめて振れ幅が大きい。慢性期病床の比率が全体病床の5割を超えてくるような二次医療圏はそう多くはなく、また近隣医療圏との関係性にもよるが、単純に輪切りにした

図表9-4　慢性期病床比率（対全病床）と圏内人口

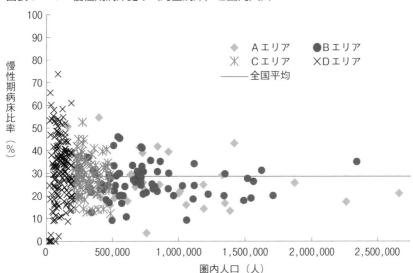

（資料）　第3章図表3-3と同じ

図表 9 – 5　訪問診療施設数（病院・診療所合算、10万人当り）と療養病床入院患者数ピーク期

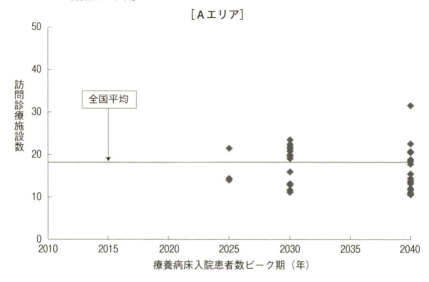

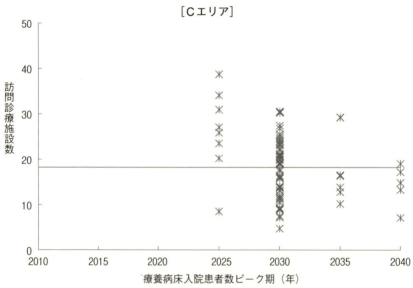

（資料）　厚生労働省「平成26年医療施設調査」（閲覧第24表：病院数；実施件数、在宅医療圏別）、「平成23年患者調査」・「推計人口」（第3章図表3-2にて詳細記載）を

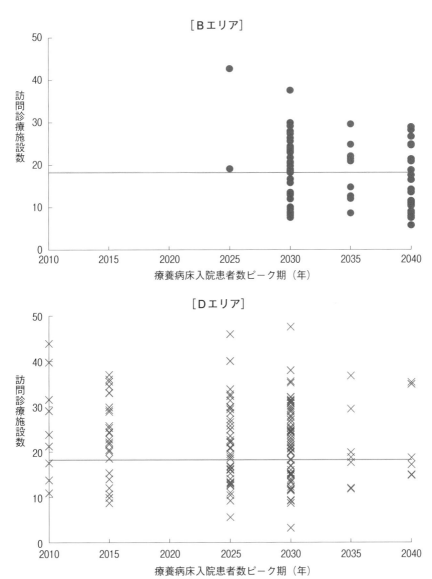

療サービス・二次医療圏別および閲覧第25表：一般診療所数、在宅医療サービス・二次医もとに筆者作成

第 9 章 医療機関の連携について

見方のなかでいうと医療機能のあり方としてはかなり偏ったかたちになっているともいえるだろう。

(3) 「在宅医療」施設の分布

在宅医療の今後の需要は基本的には何かという点を考えると、一義的には、いままで在宅で対応していた患者層に加えて、現在慢性期病床や介護施設で対応している患者層などが含まれてくるだろう。そこで図表9－5では、今後の療養病床の患者数のピーク期と、「現在」の訪問診療施設数がどのようなバランスで存在しているか、をみてみよう。

図表9－5でみる限りでは、2030年以降に療養病床需要のピークを迎えるものの、訪問診療施設が平均値より少ないというエリアは全体の3分の1に

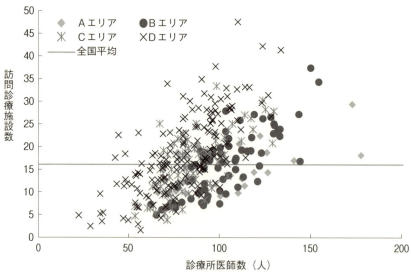

図表9－6　訪問診療施設数と診療所医師数（人口10万人当り）

(注)　1カ所図表外にプロットされるエリアあり。
(資料)　厚生労働省「平成26年医療施設調査」（閲覧第37表：一般診療所の従事者数（常勤換算）、職種・二次医療圏別および閲覧第25表：一般診療所数、在宅医療サービス・二次医療圏別）、「平成23年患者調査」・「推計人口」（第3章図表3－2にて詳細記載）をもとに筆者作成

及ぶ。たとえば訪問診療施設が（人口10万人当り）10施設以下の医療圏は、北海道・岩手県・茨城県・埼玉県・千葉県に3医療圏以上存在しているが、このことは各々の圏内の医師数に起因している部分もあるかと思われる。ただし、この訪問診療施設数と、慢性期病床比率が高いエリアを別途みるなかではあまり関連性はみられず、このあたりは独立事象として考えるべきであろう。

さて、次はクリニックベースでの医師数と訪問診療施設数の分布をみてみたい。

図表9－6をみると、ある程度、医師数と施設数は比例していることがわかる。と、同時に、絶対的な医師数が少ないためにプロットされる部分は左寄りになるものの、Dエリアでも一定数の訪問診療施設が存在していることがわかる。

図表9－7　在宅看取り施設数と訪問診療施設数（人口10万人当り）

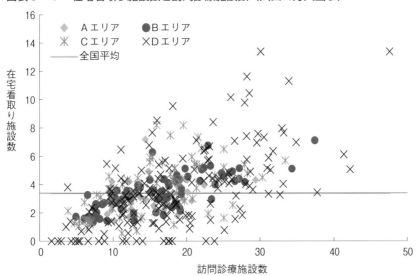

（資料）　厚生労働省「平成26年医療施設調査」（閲覧第25表：一般診療所数、在宅医療サービス・二次医療圏別）、「推計人口」（第3章図表3－2にて詳細記載）をもとに筆者作成

第9章　医療機関の連携について　131

そこで、さらにその「質」を考える意味で、たとえば看取りを実施している施設数をプロットしたのが図表9－7である。
　図表9－7をみても、Dエリアの健闘が目立つのではないだろうか。実際、長野県・和歌山県・島根県などで複数、在宅看取り施設数の多いエリアが存在しており、これらのエリアは、高度急性期や慢性期の比率が高いエリアと異なる顔ぶれがあがってくる。さまざまなエリア特性も考えられるが、たとえば長野県のような地域包括ケアなどへの取組みが真摯に行われているエリアならではのデータとも考えられる。

(4) 「電子化」の現状と課題

　地域比較の最後として電子化の状況を取り上げてみたい。ここでは、電子カルテの導入状況を一つの指標として示しておきたい。
　図表9－8をみると、エリアを問わず電子化率は3～4割程度の水準に落ち着いている。ただし、これはあくまでスタンドアローンなかたちでの電子化であり、今後はどのように情報共有されていくかが大きなポイントとなろう。この地域での情報シェアという観点では、次のような幾つかのテーマが存在する。
A．だれが主体となりネットワークをつくるか
B．投資負担の担い手はだれか
C．介護情報なども含めた地域全体の医療・介護の共有が可能か
　Aについては、先行的な取組事例も複数あるのだが、一方で局地的な要素もあり、広範に「情報共有」の環が広がっているとは言いがたいのが実情である。
　Bについても、電子化に伴うコスト負担が医療経営において一定以上の負担になっている点は第4章などでも述べてきた。
　また、Cについても、介護分野と医療分野はさまざまな面で整合がとれていない側面も多いため、現実的にシステム化を行っていくことはまだ困難に思われる。

図表 9 − 8　電子カルテ化率と圏内人口

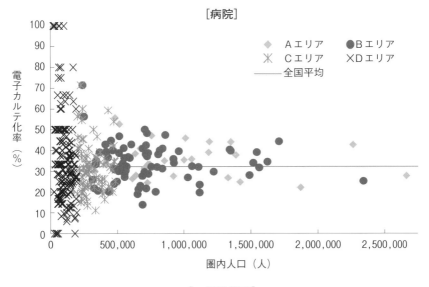

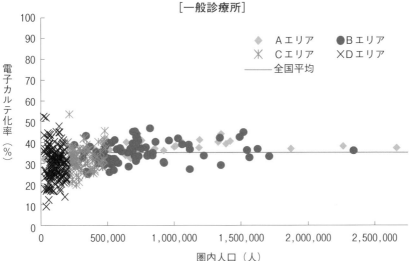

(注)　電子化率には「病院内の一部電子化」も含む。
(資料)　厚生労働省「平成26年医療施設調査」(閲覧第19表：病院数、診療録電子化(電子カルテ)の状況・二次医療圏別)、「推計人口」(第3章図表3 − 2にて詳細記載)をもとに筆者作成

第 9 章　医療機関の連携について　133

実際に各地でヒアリングを実施して思うのは、どの医療機関も電子化の重要性や地域での情報共有に高い関心を抱いているという点であり、これは強調しても強調しすぎることはないし、おそらくは電子化のコスト負担を相応に担っていることと表裏一体の関係にもある。ただし「情報共有が必要な局面・頻度・スペック」などを考えた場合、病院・診療所、ともに非常に多数の機関が存在するなかで、各自が合意をしうる目的をその地域の間において調整していくためのコストは小さなものではない。

2　各地での課題対応状況

(1)　各地の分布状況の背景

　ここまでは、医師・看護師、各種病床・在宅診療施設、電子化状況などを二次医療圏単位で少し深掘りをして、その分布状況をみてきた。これを少し統合してみてみよう。

　まず再度A〜Dエリアを区分すると、図表9－9のようなかたちになる。

　Aエリアだけ便宜的に分けているため、残りのB〜Cエリアの分布を平均的にみると、一都道府県内に1〜2のBエリア、1〜2のCエリア、3程度のDエリアが存在しているイメージである（図表9－10）。

　もちろん実際にはこのようなバランスで存在しているわけではなく、県内

図表9－9　A〜Dエリアの概要

	Aエリア	Bエリア	Cエリア	Dエリア
人口割合（％）	23.4	44.4	19.4	12.8
二次医療圏数	33	73	78	153
二次医療圏当り人口数（平均）	891,980	766,675	314,258	105,317

（資料）「推計人口」（第3章図表3－2にて詳細記載）をもとに筆者作成

図表9−10　都道府県内のイメージ（除くAエリア）

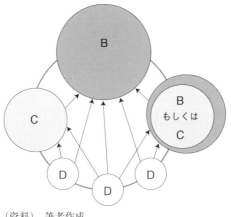

（資料）　筆者作成

図表9−11　人口ピークタイミング（二次医療圏ごと）

ピーク期（年）	2010	2015	2020	2025	2030	2035	2040
二次医療圏数	281	26	18	9	2	1	0
	83.4%	7.7%	5.3%	2.7%	0.6%	0.3%	0.0%

（資料）「推計人口」（第3章図表3−2にて詳細記載）をもとに筆者作成

の二次医療圏数だけみても3〜21カ所まで大きく異なるのだが、おおむねのバランスを理解しておくことは必要であろう。また、第3章で述べたように一般病床の想定患者数のピークタイミングは少し先になるわけだが、そもそもの圏内人口自体は8割超の医療圏が図表9−11で記載のようにすでに人口減少が始まっており、2020年以降をピークとする二次医療圏はわずか30にすぎない（ちなみに、東京都・愛知県・神奈川県・福岡県・沖縄県は人口自体が伸びていく医療圏を三つ以上含んでいる例外的なエリアである）。

「医療」自体はあくまで各種の地域分布のなかの一つの要素にすぎないのだが、1で述べた分布に加え、ここで述べている地域状況や県内バランスが重なってくると、「同じような環境」、特に同じようなバランスの都道府県と

いうのは、実はほぼ存在していないことが感覚的にはわかるのではないだろうか。

　各地の「地域医療構想」が発表されるなかで、これらをみていくと使われている用語は当然ながら共通するわけだが、その「バランス」が各々かなり異なっていることがわかる。ただし、そのバランスのなかで各々に生み出される課題に対して「可能な範囲の施策」も限られているためか、どこか読後感が近しくなってしまう部分もあり、その点についてはもう少しこの先で掘り下げてみたい。

(2)　**エリア特性の大まかな把握**

　さて、ここまで記載してきたA～Dエリアについての特性をまとめたものが図表9－12である（課題点は薄い網色、圏内でばらつきが多い項目は濃い網色）。

　その概況を言葉でまとめてみると、Aエリアは「患者増が見込まれるなか、人口当りの医療および介護資源が少ない」こと、Bエリアは比較的バランスがとれていること、CエリアからDエリアにかけては「医師数などの面

図表9－12　エリアごとの概況整理

エリア	2025年モデル関連			
	需要	医療資源		機能の
	一般病床の需要ピーク期	医師数	看護師数	高度急性期病床
A	2040年	弱含み	弱含み	集積あり
B	2030年	ばらつきはあるもののバランスはとれている	ばらつきはあるもののバランスはとれている	集積あり
C	2025～2030年	弱含みのエリア多い	ばらつきはあるもののバランスはとれている	少ない
D	2010～2015年	乏しい	ばらつき大	乏しい

（資料）　筆者作成

で厳しい状況となり、特にDエリアは、高度急性期などは自医療圏内ではまかなわれないこと」という点が指摘できるだろう。

一方、このなかで「ばらつきが大きい」ポイントが幾つか出てくるがこれも重要な点である。医療環境などを取り上げる際、どうしても「うまくいっている幾つかのエリア」を称揚するケースが多いが、「実際にすべてのリソースがそろっているエリア」など存在しない。

本書では単に「何々エリア」という書き方をしているが、全国各地の医療機関を回ってみると、地域固有の状況と一般化しうる状況が複雑にシンクロしているのが実情である。一般化しうる状況の一部はたしかに図表9－12のとおりなのだが、「幾つの主要医療機関がその医療圏内にあるか」も異なるし、慢性期も含め病床数の多寡など「過去からの経緯」によって成り立ってきた「制約要件」も多々存在している。そうしたなかで、「固有の状況≒地域の需要」にあわせたファインチューニングが個々の医療機関にとって不可欠であることは申し添えておきたい。

バランス	地域包括ケア関連				電子化
	在宅関連				
慢性期病床	訪問診療施設数	(参考)療養需要ピーク期	看取り施設数	(参考)在宅介護	電子化
一定程度に収斂	ばらつき大	2040年	一定程度に収斂	弱い（東京）	ある程度整備
一定程度に収斂	ばらつき大	2030年	一定程度に収斂	充実	ある程度整備
多少ばらつき	ばらつき大	2030年	多少ばらつき	（BとDの中間）	多少ばらつき
ばらつき大	比較的充実	2025〜2030年	濃いエリアも多い	訪問系弱い。通所は充実傾向	ばらつき大

(3) 対処の方向性

　前項で述べた各地の医療資源の濃淡について、その対応の方向性を少し掘り下げてみたい。

　たとえば、A～Bエリアでは「増加する医療・介護需要」が課題である。これに対してはきめ細やかに医療機関が各々のポジションニングを変えつつ、対応していく方法論というのが重要になってくる。

　一方、C～Dエリアにおいては、「個々の中核医療機関も自身もリソースが限られるなか、どこまで地域の役割を引き受け、またどの部分を他エリアに委ねるか」という点が課題となってくる。

　こうした点からいうと、診療報酬の軽重に応じた対応を一律に図っていくという短期の視点と同時に、地域のなかでどのような役割分担を担い、ポジションを定めていくか、という観点での経営面における手綱さばきもやはり重要である。

　ここでは、前項で記載した課題につき、図表9-13にて対応の方向性を幾つか図式化してみた。

　図表9-13を少し言葉でまとめておくと、以下のようなかたちになる。

　まず、Aエリアでは在宅機能等含め域内での需要に応じた小回りの利いたかたちでの医療・介護機能の構築について検討していく必要がある。

　次に、Bエリアでは広域にも対応しうる人材確保や救急体制の整備が必要だが、同時にそうした状況下で後方病床も適切に確保していく必要がある。

　一方、CおよびDエリアは医療資源に一定の限界がある地域も多いため、このエリアを担う「地域を支えうる」医療機関が存在するかしないかでも状況は異なる。存在する場合はその医療機関、やや厳しい場合は中核エリアの医療機関、などがどこまでそのエリア「全体」に対して対応を図るかという点は、医療体制の整備の観点でも当該医療機関の経営の観点でもさまざまな判断が求められる部分である。

　実際2016年度に各都道府県で順次発表されている「地域医療構想」におい

図表 9 − 13　エリアごとの課題とその対応など

課題

【全体】

ポイント1
高度急性期に対応できる医療圏は限られる。

【エリア内での課題】

ポイント2（主にAエリア）
医療および介護需要の継続的な増加。

ポイント3（主にBエリア）
「他エリアから」の需要増の可能性。

ポイント4（主にCエリア）
全体として医療資源が若干乏しく、かつ、エリアによっては在宅機能などが弱い。

ポイント5（主にDエリア）
全般的に医療資源が乏しい。エリアによっては訪問系などが困難。一方で病床過剰エリアなども点在。

【電子化関連】

ポイント6
地域での情報共有という点についてはまだむずかしい状況。

補完 →
「域内外での連携」と「地域ニーズへの回答」
補完 →

対応のなかで特に重視すべきポイント・連携の必要性

【全体】　※自治体の対応課題のケースも大
二次医療圏間の連携をどのように行うか。何をどう連携するかの整理やその仕組みづくり。

【エリア内での対応】※A〜B／B〜C／C〜Dで複合的な要素あり

在宅機能等含め域内での需要に応じた小回りの利いたかたちでの医療・介護機能の構築。

濃い医療・広域に対応した医療に対応するための人材確保や救急体制の協働的な整備。あわせて適切な後方病床の確保。

医療資源を集めるために、中核医療機関が司となるパターンを選ぶか否か（特に後方病床や訪問診療などを適正なバランスで再構築するための音頭をだれがとるか）。

他エリアにどの程度頼るかの見極め。そのうえで、医療機能から介護機能への転換可能性の見定めや、転換をせずに医療機能として対応していくことの割り切りなどをしていく必要あり。

【電子化関連】
何を目的とするか。そのうえで、だれが音頭とりとなるか、コスト負担はどうするか、などの課題への対応。

（資料）　筆者作成

て、課題対応もあわせて提示されてきている。ただし、本当に都道府県ごとに環境が異なるため、たとえばここでA〜Dエリアに区分して整理した各種図表に、その県内の全医療圏をプロットしたうえで、全国平均的な状況と比較し、その「バランス」の全国的な位置づけを把握し、地域自体の立ち位置を整理していくことも大事だと筆者は思っている。なぜなら、施策自体は全

国平均的な状況に対して出てくる側面も強いが、各医療機関はそのエリア特性のなかで勝負をしているわけであり、ゆえにそのエリアの相対的な位置づけを知っておくことは意味があると思うからである。

さて、同時に、地域ニーズに応えるには「さまざまな協力」が必要である。本章のもとになる「連携時代の医療経営」というレポートを作成する際の取材で出てきた例としていえば、2005年度「老人保健事業推進等補助事業」としてモバイルデイケア（巡回型通所リハビリテーション事業）という取組みの試行が長野県・長崎県・熊本県の一部で行われ、2011～2012年度にも東日本大震災被災地域の岩手県・宮城県・福島県の一部でこれが活用された、というものがある。これは過疎地域で介護サービス事業所がないエリアなどでは効果を発揮しうる取組みだが、こうした取組みを継続的に実施しようとすると、介護事業者・自治体双方が継続的かつ広域に人的・資金的協力体制を構築していく必要がある。しかし、実際にはこうしたことがなかなかむずかしいのも実情である。

繰り返しになるが、「すべてがそろっているエリア」はない。ゆえに、**地域需要に応じて限定的なリソースをどう組み合わせてその地域の課題に対応するかが「連携」の最大のテーマ**であろう。だれが主体となり、どういった需要に応えるかをフレキシブルに考えていくことが今後の医療・介護環境のなかではよりいっそう重要となってくる。

(4) まとめ

本章は、さまざまなデータを盛り込んだ結果、ややトーンが硬めになっているとは思うが、ストレートに伝えたいことは、(3)で述べたように、**個々のエリアにはかなり固有の「偏り」が存在しているので、その偏りを乗り越えるために何とかもう少し広域対応することができないだろうか**、という話である。

ただ、闇雲にそうした議論をしても上滑りする可能性が高いため、データの積み上げを行ってみた次第である。おそらく地域医療構想がすべて出そ

ろった段階においても、県単位の状況はみえるが、それが他と比べてどのような位置づけにあるか、などはなかなかみえにくいし、各地域にしか存在しえない医療機関にとって、「バランス」を知ったところで次のステップの参考になりにくいと思われるかもしれない。

　ただし、経営的な観点から、エリアの「足らざるもの」をどう埋めるかという目線を有する医療機関が幾つかでも存在すれば、地域の状況はよりよい方向に進むのではないか、というのが筆者の強い思いでもある。

　近年は社会医療法人制度のなかで、僻地医療対応を行う中核的な医療機関も増えてきており、また「広域での連携・補完」を視野に入れ、かつその経験を高めてきている医療機関が存在している。これは2000年代中盤にはなかなか考えにくい部分でもあり、やはり世の中は少しずつ変わっていっている。医療資源の濃淡、偏りの是正については、さまざまな施策が今後も練られ、また実施されていくと思うが、医療機関側の主体的なコミットについても大きく期待したいところである。

第10章 経営的な観点からみた「医療機関と介護分野」

　本書の最後に、医療分野と密接にかかわる介護分野についても触れておきたい。医療機関の経営という側面では、地域包括ケアという概念が浸透するなかでも介護の役割はより重要性を増している。もちろん、基本的には、医療機関自体が直接的に介護分野にかかわるという話ではなく、どのように自身のグループのなかにそういった機能を置くか、ということであるが、ここでは、どのようなかたちで介護分野にも過不足があり、そこに医療機関がどのようにかかわりうるか、という話を中心に進めていきたい。

医療機関と介護関連の一般論的関係性

　医療機関にとって、介護分野はどうしても一定の距離感がある分野である。ただし、これも医療機関の性格によって異なる部分がある。主に急性期医療を主体にしてきた医療機関では、介護分野に距離を感じる側面が強いが、慢性期医療やリハビリテーションなどを主体にしている医療機関にとっては介護は非常に親和性の高い分野でもある。実際に老健施設を自身で運営している医療法人は多数存在するし、広義のグループ的関係のなかで訪問系の介護対応を行っている事業者なども、これまた多数存在している。
　近年はここにサービス付き高齢者向け住宅（サ高住）などの側面も加わってきている。サ高住に関しても、医療機関のかかわり方はさまざまなパターンが考えられるが、やはりいちばん大きな要素は、容易に病床数を増やせないなかでどのようなかたちで潜在的な患者層とのかかわりをもつか、という

点にあるだろう。

　こうしたかたちで、介護や住居分野まで目配せを行う医療機関は、全体としては必ずしも多くはない。ただし、急性期主体でない出自の中規模病院が、急性期方面と、急性期からみたら後方に位置するこうした施設への展開を両にらみしながら事業展開を行ってきて、結果として地域に欠くべからざる存在となっているケースはどのエリアでもみられるのではないか、という印象を受ける。

　そして、こうした展開を進める医療機関は、本書で述べてきた「医療の経営」という意味では最も象徴的な位置づけにあるといえるだろう。

　どこかの医療機関を典型的な例として位置づけるのは困難であるため、複数の医療機関の総体としてのイメージのような話となるが、こうしたタイプの医療機関は他の病院などを引き受けてきたケースもあり、その経験則が第8章で述べた「経営改善」という意味でのプロ集団となっているケースもある。逆に当該医療機関自身も、こうしたプロセスのなかで、新分野における自身の経験値を上げ、急性期展開の礎とするというケースもある。一方、第9章で述べてきた「地域での連携」という点もこれに重なる話で、こうした法人が社会法人化し、僻地医療を対応するなどのなかで連携の要としての役割を担いうる立場になっているケースもみられる。

　これはまさに「経営力」をその病院がいかに発揮してきたか、という類いの話でもある。不確定な要素のなかでパズルを当てはめるような作業でもあり、だからこそこうした経験値は今後の医療の流れでもきわめて重要なものであると筆者は考えている。

　さて、少し話は脱線したが、こうした見方のなかで「介護分野」をその法人がどのように位置づけるかは重要な話である。どうしても急性期寄りの医療機関、特に医師側からみると、あくまで「患者のやりとりの先」として介護事業者が存在しているケースが多いと思われ、同じ経営体のなかで関与する組織というイメージは薄いことが多いであろう。

　しかし、そうした状況下においても、医療機関の性格によっては、介護分

野に医療機関が某かで対応していくことの必要性もあろう、というのが本章の一つのテーマである。なぜそうか、そして実際にそれをどういうかたちでやっていくことができるか、という話を以下で示してみたい。

介護に関する動向

(1) 介護分野のデータ概要

　介護分野は、2000年に介護保険制度が導入されて以降、第2章でも記載したように介護費自体が伸張するなかで事業所数・利用者数は図表10－1、10－2に示すように大きなものとなっている。特にこの図表では訪問介護・通所介護・訪問看護ステーションの動きなどが目立つのではないだろうか。
　こうしたかたちで事業所は増えた一方、「スタッフ数」は大きな課題となっている（図表10－3）。
　スタッフ数の推移は、ある程度事業所数の伸びとリンクしているが、医療同様、こうした人材については地域格差が気になる領域でもある。すでに第2章（図表2－12）で記載したとおりだが、地域差という意味では、医療と異なり介護には二次医療圏的な概念はなく、医療と比較したかたちでの厳密な分析はむずかしい。しかし、たとえば「指定都市・中核都市」という区分では、特に訪問介護、訪問看護などが全国対比でみても充実している状況はある（一方、通所介護はその他のエリアでも充実しているエリアは散見される）。やはり訪問という形式をとる場合、一定のスタッフのプールが重要になってくることもあり、地方部にいくほどこのあたりの体制整備がむずかしいであろうことは推測される。一方、東京のような人口規模が大きいエリアでは、事業所数自体は少なくないのだが、人口当りでみると、どうしても施設数などが限定的となっている状況もある。
　こうして考えると、①人口の絶対数や需要の多いエリアかそうでないエリアか、②スタッフ数が多いエリアか確保がむずかしいエリアか、ということ

で四つの象限ができ、そのエリア特性のなかで、介護専門事業者「以外」の事業者がどのようなかたちでかかわっていくか、ということは今後も大きなポイントとなってくると思われる。そして、このなかでも特に課題が山積しているのが、都市部にみられる「需要が多く、事業所数・スタッフ数が足りていない」エリアと地方部にみられる「そもそも絶対的なスタッフ数が足りていない」エリアである。

医療機関としては、このいずれもが展開における「機会」という言い方もできる。なお、介護人材不足については、国としては図表10－4のような方向性の話が出ているが、これを補うという意味でも、医療機関がグループとしてこの分野にいかに対応するか、という切り口は一定程度あるだろう。

もちろん、まったく体制のない事業者にとっては体制づくりから始めることは相当困難な話である。あくまで現状の事業展開のなかで「次の方向感」を考えている事業者にとっての議論であることは確かだし、またすでに部門や事業所があったとしても医療と介護分野のさまざまなスタッフの処遇の区分など課題は多々あるので、こうした分野を「機会」としてとらえることができる医療機関は限定的であることも申し添えておく（同時に、あくまで各々の介護区分ごとに参入可能な事業体は規定されているため、医療法人そのものが単純に参入するという話ではないことは申し添えておきたい）。

(2) 介護分野の収支概要

一方、収支の観点であるが、介護分野は基本的に規模感がいわゆる「病院」とは異なる水準にある。もちろん、老健、特養のような施設系であれば、一定の収入額となるが、これが居宅系介護の個々の事業体であると、規模自体は限定的である。

たとえば、ということで、事業体ごとの収益イメージをみていくと、図表10－5のとおりとなる。

こうした事業体において、収益面で気にしておくべき点は、その事業所が何人のスタッフを抱え、またそのスタッフ当りでどの程度の利用者に対応す

図表10-1　介護サービス事業所数

		年	2001	2002	2003
介護予防サービス	介護予防サービス事業所	介護予防訪問介護	−	−	−
		介護予防訪問入浴介護	−	−	−
		介護予防訪問看護ステーション	−	−	−
		介護予防通所介護	−	−	−
		介護予防通所リハビリテーション	−	−	−
		介護予防短期入所生活介護	−	−	−
		介護予防短期入所療養介護	−	−	−
		介護予防特定施設入居者生活介護	−	−	−
		介護予防福祉用具貸与	−	−	−
		特定介護予防福祉用具販売	−	−	−
	地域密着型介護予防サービス事業所	介護予防認知症対応型通所介護	−	−	−
		介護予防小規模多機能型居宅介護	−	−	−
		介護予防認知症対応型共同生活介護	−	−	−
	介護予防支援（地域包括支援センター）		−	−	−
介護サービス	居宅サービス事業所	訪問介護	11,664	12,346	15,701
		訪問入浴介護	2,457	2,316	2,474
		訪問看護ステーション	4,825	4,991	5,091
		通所介護	9,138	10,485	12,498
		通所リハビリテーション	5,441	5,568	5,732
		短期入所生活介護	4,887	5,149	5,439
		短期入所療養介護	5,057	5,655	5,758
		特定施設入居者生活介護	−	−	−
		福祉用具貸与	3,839	4,099	5,016
		特定福祉用具販売	−	−	−
	地域密着型サービス事業所	定期巡回・随時対応型訪問介護看護	−	−	−
		夜間対応型訪問介護	−	−	−
		認知症対応型通所介護	−	−	−
		小規模多機能型居宅介護	−	−	−
		認知症対応型共同生活介護	1,273	2,210	3,665
		地域密着型特定施設入居者生活介護	−	−	−
		複合型サービス（看護小規模多機能型居宅介護）	−	−	−
		地域密着型介護老人福祉施設	−	−	−
	介護保険施設	介護老人福祉施設	4,651	4,870	5,084
		介護老人保健施設	2,779	2,872	3,013
		介護療養型医療施設	3,792	3,903	3,817
	居宅介護支援		19,890	20,694	23,184

（注1）　複数のサービスを提供している事業所は、それぞれのサービスを提供している事業所数に計上している。
（注2）　各年10月1日現在。

2004	2005	2006	2007	2008	2009	2010	2011	2012	2013	2014	2015
-	-	19,269	20,455	20,319	24,947	26,085	27,252	30,269	31,908	33,060	33,977
-	-	1,888	1,885	1,873	2,134	2,223	2,192	2,195	2,146	2,085	2,032
-	-	5,090	5,237	5,414	5,572	5,745	5,900	6,457	6,981	7,744	8,591
-	-	18,055	20,396	21,710	23,366	25,119	27,343	32,432	36,097	39,383	41,181
-	-	5,826	6,179	6,276	6,422	6,468	6,411	6,700	6,832	7,162	7,422
-	-	5,915	6,608	6,957	7,186	7,426	7,682	8,600	9,060	9,782	10,245
-	-	4,917	4,919	5,018	5,207	5,188	5,077	5,337	5,199	5,223	5,189
-	-	1,859	2,498	2,731	2,896	3,108	3,328	3,710	3,930	4,158	4,364
-	-	5,605	5,445	4,862	6,660	6,910	6,988	7,479	7,671	7,821	7,959
-	-	5,267	5,439	5,010	6,869	7,113	7,203	7,697	7,858	7,996	8,095
-	-	2,306	2,696	2,870	3,233	3,441	3,580	3,854	3,857	3,892	3,960
-	-	145	738	1,256	1,706	2,010	2,451	3,337	3,670	4,074	4,438
-	-	8,057	8,622	8,936	9,467	9,814	10,380	11,445	11,702	12,165	12,647
-	-	3,292	3,851	3,782	4,234	4,336	4,305	4,430	4,539	4,564	4,726
17,274	20,618	20,948	21,069	20,885	25,792	26,889	28,016	31,075	32,761	33,911	34,823
2,406	2,402	2,245	2,124	2,013	2,356	2,431	2,387	2,410	2,344	2,262	2,190
5,224	5,309	5,470	5,407	5,434	5,734	5,903	6,047	6,590	7,158	7,903	8,745
14,725	17,652	19,409	20,997	22,366	24,105	26,028	28,527	34,107	38,127	41,660	43,406
5,869	6,093	6,278	6,380	6,426	6,559	6,599	6,536	7,023	7,047	7,284	7,515
5,657	6,216	6,664	7,030	7,347	7,561	7,803	8,050	8,980	9,445	10,251	10,727
5,821	5,513	5,437	5,278	5,242	5,375	5,363	5,243	5,490	5,377	5,382	5,348
904	1,375	1,941	2,617	2,876	3,052	3,274	3,520	3,941	4,197	4,452	4,679
5,391	6,317	6,051	5,649	4,974	6,951	7,136	7,165	7,644	7,864	7,961	8,056
-	-	5,299	5,456	5,027	6,889	7,136	7,220	7,724	7,902	8,018	8,135
-	-	-	-	-	-	-	-	76	281	471	616
-	-	12	69	83	115	126	146	188	196	217	224
-	-	2,484	2,885	3,139	3,479	3,697	3,859	4,158	4,193	4,253	4,308
-	-	187	962	1,557	2,083	2,402	2,928	3,885	4,230	4,630	4,969
5,449	7,084	8,350	8,818	9,292	9,684	10,048	10,645	11,729	12,048	12,497	12,983
-	-	23	62	91	119	140	173	238	263	288	301
-	-	-	-	-	-	-	15	74	164	250
-	-	43	94	183	257	322	466	954	1,106	1,691	1,901
5,291	5,535	5,716	5,892	6,015	6,127	6,214	6,254	6,590	6,754	7,249	7,551
3,131	3,278	3,391	3,435	3,500	3,611	3,698	3,719	3,931	3,993	4,096	4,189
3,717	3,400	2,929	2,608	2,252	2,159	2,026	1,888	1,759	1,647	1,520	1,423
24,331	27,304	27,571	28,248	28,121	31,800	32,665	33,517	35,885	37,540	38,837	40,127

（資料）厚生労働省「介護サービス施設・事業所調査」より作成

図表10-2　介護サービス利用者数

		年	2001	2002	2003	2004
介護予防サービス	介護予防サービス事業所	介護予防訪問介護	-	-	-	-
		介護予防訪問入浴介護	-	-	-	-
		介護予防訪問看護ステーション	-	-	-	-
		介護予防通所介護	-	-	-	-
		介護予防通所リハビリテーション	-	-	-	-
		介護予防短期入所生活介護	-	-	-	-
		介護予防短期入所療養介護	-	-	-	-
		介護予防特定施設入居者生活介護	-	-	-	-
		介護予防福祉用具貸与	-	-	-	-
	地域密着型介護予防サービス事業所	介護予防認知症対応型通所介護	-	-	-	-
		介護予防小規模多機能型居宅介護	-	-	-	-
		介護予防認知症対応型共同生活介護	-	-	-	-
	介護予防支援（地域包括支援センター）		-	-	-	-
介護サービス	居宅サービス事業所	訪問介護	600,313	728,974	899,167	972,266
		訪問入浴介護	69,340	66,525	70,948	67,208
		訪問看護ステーション	221,005	244,475	262,925	274,567
		通所介護	689,721	790,365	920,869	995,903
		通所リハビリテーション	336,302	383,259	419,510	439,754
		短期入所生活介護	129,568	155,863	175,858	192,781
		短期入所療養介護	39,182	49,508	56,666	60,277
		特定施設入居者生活介護	-	-	-	33,921
		福祉用具貸与	375,754	567,979	702,733	739,212
	地域密着型サービス事業所	定期巡回・随時対応型訪問介護看護	-	-	-	-
		夜間対応型訪問介護	-	-	-	-
		認知症対応型通所介護	-	-	-	-
		小規模多機能型居宅介護	-	-	-	-
		認知症対応型共同生活介護	12,486	23,888	43,519	70,161
		地域密着型特定施設入居者生活介護	-	-	-	-
		複合型サービス（看護小規模多機能型居宅介護）	-	-	-	-
		地域密着型介護老人福祉施設	-	-	-	-
	介護保険施設	介護老人福祉施設	309,740	326,159	341,272	357,891
		介護老人保健施設	223,895	233,740	245,268	256,809
		介護療養型医療施設	109,329	126,865	129,365	129,111
	居宅介護支援		1,447,436	1,656,794	1,909,598	2,083,382

（注1）　介護保険施設の利用者数は、全国の介護保険施設の入所者を対象とし、全国の介護保険施設から抽出を行い、調査年9月末の在所者の2分の1（介護療養型医療施設である診療所については全数）および9月中の退所者の全数を客体とする。
（注2）　訪問看護ステーションの利用者数は、全国の訪問看護ステーションの利用者を対象とし、全国の訪問看護ステーションから抽出を行い、調査年9月中の利用者の2分の1を客体とする。
（注3）　各年9月中。

(単位：人)

2005	2006	2007	2008	2009	2010	2011	2012	2013	2014	2015
−	159,791	306,458	322,058	337,897	334,523	338,554	367,997	383,175	389,002	378,163
−	193	344	368	366	359	342	450	367	324	334
−	10,747	18,760	20,714	21,417	22,402	24,207	28,818	32,678	38,349	44,642
−	149,705	280,652	310,515	313,606	307,791	323,105	368,801	413,712	446,349	469,897
−	54,701	104,231	112,959	107,229	102,825	104,953	104,174	110,148	119,101	122,566
−	3,827	7,443	8,251	8,492	7,980	8,010	8,528	8,989	9,121	9,309
−	959	1,617	1,528	1,262	1,151	1,066	1,098	1,093	965	1,089
−	7,243	17,009	19,758	19,450	18,217	18,969	21,092	23,007	23,560	24,181
−	74,686	104,356	130,303	176,373	201,773	218,399	276,617	319,824	349,123	345,670
−	515	803	1,023	870	755	719	851	875	946	1,031
−	217	1,216	2,392	3,220	3,647	4,150	5,635	6,707	7,584	8,923
−	1,105	2,852	3,023	880	1,251	1,285	749	769	954	816
−	331,495	633,988	708,948	773,975	762,032	804,596	873,593	936,552	989,254	1,024,594
1,090,112	882,556	738,793	716,345	754,478	744,482	742,880	817,080	870,987	890,865	886,928
67,288	62,219	64,396	64,242	66,559	68,046	65,593	67,508	65,858	57,493	58,075
279,914	281,160	274,079	281,917	292,244	297,346	316,583	360,805	385,951	431,588	472,681
1,097,273	955,506	882,596	933,611	964,579	963,475	1,018,651	1,140,565	1,223,344	1,303,874	1,376,591
461,687	412,044	366,665	368,873	354,868	346,273	353,897	360,502	372,586	384,123	385,154
210,688	224,163	237,257	259,677	263,459	269,106	279,812	292,758	298,002	303,305	300,465
60,633	58,069	56,089	56,769	52,142	50,857	49,878	51,609	50,053	49,239	47,355
49,927	66,070	84,355	97,645	103,713	106,783	116,765	132,673	145,508	148,929	157,038
965,245	652,262	670,700	699,984	841,520	825,687	872,197	1,080,763	1,164,717	1,200,247	1,362,033
−	−	−	−	−	−	−	529	3,023	7,067	10,230
−	51	764	2,181	2,402	3,365	3,018	5,473	4,950	5,542	5,084
−	37,017	44,753	50,064	52,581	50,862	53,634	54,381	55,754	57,481	56,673
−	1,643	10,407	21,594	29,870	35,282	41,413	53,451	60,227	64,731	73,255
94,907	115,644	123,479	132,069	130,199	127,858	136,188	149,559	153,744	161,591	169,975
−	396	893	1,590	2,170	2,678	3,090	4,499	5,031	5,561	5,670
−	−	−	−	−	−	−	243	968	2,492	3,850
−	878	1,951	4,276	6,138	7,557	11,435	22,902	26,780	39,350	44,861
376,328	392,547	405,093	416,052	408,622	396,356	420,827	429,415	439,737	453,682	471,585
269,352	280,589	285,265	291,931	289,273	282,645	293,432	301,539	299,885	299,561	302,679
120,448	111,099	102,753	92,708	82,007	73,405	71,577	67,531	60,429	58,216	53,240
2,264,525	1,889,213	1,643,451	1,704,996	1,755,255	1,759,799	1,804,902	1,988,067	2,084,901	2,149,306	2,215,686

（資料）　厚生労働省「介護サービス施設・事業所調査」より作成

図表10-3　介護サービス従事者数

年		2001	2002	2003
介護予防支援（地域包括支援センター）**		−	−	−
居宅サービス事業所	訪問介護	104,019	118,178	151,499
	訪問入浴介護	10,890	10,836	11,535
	訪問看護ステーション	21,534	23,027	24,289
	通所介護	83,092	101,350	122,709
	通所リハビリテーション	44,136	45,687	49,132
	短期入所生活介護	51,629	60,484	63,492
	特定施設入居者生活介護	−	−	−
	福祉用具貸与	11,984	14,559	17,005
地域密着型サービス事業所	定期巡回・随時対応型訪問介護看護*	−	−	−
	夜間対応型訪問介護*	−	−	−
	認知症対応型通所介護	−	−	−
	小規模多機能型居宅介護	−	−	−
	認知症対応型共同生活介護	9,566	18,616	35,907
	地域密着型特定施設入居者生活介護*	−	−	−
	複合型サービス（看護小規模多機能型居宅介護）*	−	−	−
	地域密着型介護老人福祉施設	−	−	−
介護保険施設	介護老人福祉施設*	174,875	188,423	202,764
	介護老人保健施設*	148,753	140,912	151,759
	介護療養型医療施設*	96,872	110,770	114,050
居宅介護支援*		39,991	48,872	51,234

（注1）　介護予防支援事業所を除き、介護予防サービスのみ行っている事業所は含まない。
（注2）　*は予防サービスを提供しない事業所、**は介護サービスを提供しない事業所である。
（注3）　各年10月1日現在。

るか、というラインがかなり明確であることである。たとえば図表10-5などでみていくとわかるが、損益分析点となる人員をまたぐところで収支の差が大きく生じるところがあり、このハンドリングをうまく行えるかどうかで巧拙が出てくる。特に介護スタッフなどの人材面でのハンドリングが非常に重要となってくる業態であることは留意が必要である。

　実際、収支計画などを判断する場合にも、多くの事業所を抱える事業体（たとえば株式会社など）でも1ユニットごとの積み上げというかたちで考えるのが常である。たとえば上場している介護事業会社などであれば、1年に

(単位：人)

2004	2005	2006	2007	2008	2009	2010	2011	2012	2013	2014	2015
-	-	13,024	17,412	18,790	20,489	20,274	21,193	22,225	23,156	23,679	25,291
160,465	184,858	176,527	172,753	162,753	170,123	166,592	175,257	195,700	207,893	214,466	214,909
10,762	11,004	9,580	9,295	9,054	10,479	11,176	11,036	11,336	11,079	10,392	10,154
25,444	26,502	27,015	27,071	28,110	28,297	29,193	30,744	35,454	39,066	45,134	50,696
143,935	169,502	177,094	188,235	198,526	203,679	208,949	223,994	263,528	284,360	306,398	315,253
52,439	54,868	57,513	59,207	61,443	61,034	61,375	63,297	67,393	69,473	72,512	73,128
70,094	81,229	97,550	104,628	118,825	122,507	129,381	139,943	149,923	159,717	168,108	165,167
19,919	29,550	41,422	52,239	69,783	73,537	75,310	82,118	94,483	101,643	104,380	108,347
18,686	23,570	22,160	21,347	19,894	23,202	22,715	22,626	27,384	28,225	29,136	30,407
-	-	-	-	-	-	-	-	959	3,646	6,512	8,948
-	-	99	424	570	737	912	767	1,197	1,281	1,667	1,987
-	-	15,990	18,443	20,038	20,304	20,558	21,612	23,398	24,712	26,162	26,228
-	-	1,594	8,668	15,006	20,155	23,219	27,711	37,078	41,463	44,921	50,380
57,918	82,152	101,917	107,724	115,430	116,001	114,424	122,859	138,134	141,154	148,881	154,852
-	-	248	670	1,174	1,612	1,904	2,307	3,263	3,653	4,031	4,087
-	-	-	-	-	-	-	-	219	851	2,073	3,168
-	-	776	1,600	3,535	5,077	6,373	9,744	19,583	22,903	34,110	38,788
213,893	229,389	240,683	250,451	261,179	264,930	264,400	280,180	287,016	295,115	304,058	313,363
159,860	169,244	176,170	177,900	183,152	186,908	184,662	191,398	198,419	197,676	198,555	201,948
112,065	99,955	90,941	81,779	73,457	66,675	60,930	58,667	56,140	51,802	49,937	45,891
57,813	65,766	71,488	70,483	71,962	70,822	71,130	73,848	82,794	86,947	92,143	95,914

（資料）厚生労働省「介護サービス施設・事業所調査」より作成

何件も新たな施設を開設していくので、このユニットごとの収益を掛け算するようなかたちでみていくこととなる。医療以上に「規模の経済」が働きにくい事業体であるといえよう。

　こうして整理をしていくと、医療機関が対応していく場合にはあまり大きな規模で対応をしにくいこともあり、こうした特性に対してのファインチューニングがなかなかむずかしくなることもあるだろう。

　そうした意味では、どういった必要性において、こうした分野をフォローアップするか、という点を十分考えておかないと、中途半端に首を突っ込ん

図表10－4　介護人材にかかる需給推計と「総合的な確保方策」
　　　　　［2025年に向けた介護人材にかかる需給推計］

- ○都道府県推計に基づく介護人材の需給推計における需給ギャップは37.7万人（需要約253万人、供給約215万人）
- ○都道府県においては、第6期介護保険事業支援計画に需給推計結果に基づく需給ギャップを埋める方策を位置づけ、2025（平成37）年に向けた取組みを実施。
- ○国においては、今次常会に提出中の「社会福祉法等の一部を改正する法律案」による制度的対応や、都道府県が地域医療介護総合確保基金を活用して実施する具体的な取組みなどを含めた施策の全体像（「総合的な確保方策」）を取りまとめ、2025（平成37）年に向けた取組みを総合的・計画的に推進。
- ○3年1期の介護保険事業計画とあわせたPDCAサイクルを確立し、必要に応じて施策を充実・改善。

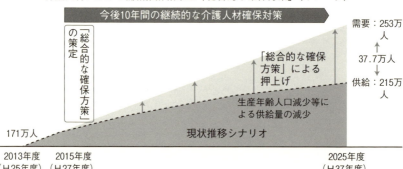

介護人材にかかる需給推計結果と「総合的な確保方策」（イメージ）

（注1）　需要見込み（約253万人）については、市町村により第6期介護保険事業計画に位置づけられたサービス見込み量等に基づく推計。
（注2）　供給見込み（約215万人）については、現状推移シナリオ（近年の入職・離職等の動向に将来の生産年齢人口の減少等の人口動態を反映）による推計（2015年度以降に追加的に取り組む新たな施策の効果は含んでいない）。
（注3）　「医療・介護に係る長期推計（平成24年3月）」における2025年の介護職員の需要数は237万～249万人（社会保障・税一体改革におけるサービス提供体制改革を前提とした改革シナリオによる。現状をそのまま将来に当てはめた現状投影シナリオによると218万～229万人。推計値に幅があるのは、非常勤比率の変動を見込んでいることによるもの。同推計および上記の推計結果のいずれの数値にも通所リハビリテーションの介護職員数は含んでいない）。
（資料）　厚生労働省「2025年に向けた介護人材にかかる需給推計（確定値）について」
　　　　（平成27年6月24日）

だ状況になってしまい、やはり「餅は餅屋」という議論も出てくる部分ではある。

今後の課題

　さて、ここまで述べてきた話は、①一定程度介護分野に対応している事業者も存在しており、②一方で順調に拡大してきた市場ではあるが、特にボトルネックとなるスタッフ数などの課題については地域格差も当然ながら存在しており、同時に、③事業規模が個々にみると小さいことから、この事業特有のハンドリング上の課題が存在する、という話である。

　これに加えて、もう1点、論点を加えると、介護分野における「地域ごとでの独自性」という話になってこよう。これは現在の施策の方向性が、各市町村での対応という要素が盛り込まれてきているがゆえの話である。ただし、地域の財政事情に応じた差がサービス面で反映されてくるかどうかについては、そうした方向感がかたちになるのはまだ先の話ではないかと思われる。

　図表10−6では、都道府県別の介護費用（受給者1人当り費用額）の推移を幾つかのカテゴリーに分けて記載している。「介護予防地域密着型」や「居宅サービス」などのカテゴリーでは1人当り費用額の地域差がこれまでも生じてきている。このデータも都道府県別であり、実際にはこれが市町村ごとにどのような差が生じてくるか、ということが課題であろう。もちろん利用者の分布が異なることが要因でもあり、この地域差の解釈はむずかしいが、「都道府県レベルにおいてすら地域差がみられる」という点はふまえておいたほうがよいだろう。

　さて、これらをふまえたうえで、医療機関としてこの分野にどうかかわれるかという話であるが、大きな流れとしては、第9章でも述べてきたように「医療の高度化」という側面の裏側として、さまざまな現場的な論点があるにしても、①医療や介護を含めた在宅、②施設も含めた「介護」分野、③住まい、という形態のバランスのなかで、病院の機能がある程度絞り込まれる

図表10－5　介護事業者の収益分析

	訪問介護		
	2008 （n＝1,730）	2011 （n＝1,502）	2014 （n＝2,569）
Ⅰ　介護事業収益			
（1）　介護料収入	2,524	2,721	2,445
（2）　保険外の利用料	2	65	39
（3）　補助金収入	3	4	5
（4）　国庫補助金等特別積立金取崩額	2	2	2
（5）　介護報酬査定減	▲1	▲2	▲1
（6）　介護職員処遇改善交付金	－	85	－
Ⅱ　介護事業費用			
（1）　給与費	2,060	2,216	1,834
（2）　減価償却費	38	31	33
（3）　その他	401	432	381
うち委託費	19	13	17
Ⅲ　介護事業外収益			
（1）　借入金補助金収入	1	7	3
Ⅳ　介護事業外費用			
（1）　借入金利息	10	6	6
Ⅴ　特別損失			
（1）　本部費繰入	4	52	52
収入　Ⅰ－Ⅰ(4)＋Ⅲ＝①	2,528	2,881	2,490
支出　Ⅱ＋Ⅳ＋Ⅴ－Ⅰ(4)＝②	2,511	2,735	2,305
差引　①－②	17	146	185
延べ訪問回数（延べ利用者数）（注1）	725.5回	745.7回	732.6回
常勤換算職員数	8.6人	9.8人	8.3人
訪問1回当り収入（利用者1人当り収入）（注1）	3,485円	3,863円	3,399円
訪問1回当り支出（利用者1人当り支出）（注1）	3,462円	3,670円	3,147円
常勤換算職員1人当り給与費	231,665円	234,029円	265,446円

[2014年の延べ訪問回数・利用者数別収支]

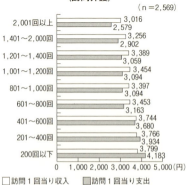

〈訪問介護〉（n＝2,569）

区分	訪問1回当り収入	訪問1回当り支出
2,001回以上	3,016	2,579
1,401～2,000回	3,256	2,902
1,201～1,400回	3,389	3,059
1,001～1,200回	3,454	3,094
801～1,000回	3,397	3,094
601～800回	3,453	3,163
401～600回	3,744	3,680
201～400回	3,766	3,934
200回以下	3,799	4,183

〈訪問看護ステーション〉（n＝598）

区分	訪問1回当り収入	訪問1回当り支出
401回以上	7,343	6,658
301～400回	8,047	7,694
201～300回	8,478	8,306
101～200回	8,493	8,632
100回以下	8,420	8,887

(単位：千円)

	訪問看護ステーション			通所介護		
	2008 (n=288)	2011 (n=364)	2014 (n=598)	2008 (n=828)	2011 (n=1,822)	2014 (n=3,235)
	1,993	2,988	2,374	3,840	4,140	4,177
	4	93	24	269	258	272
	-	-	-	19	18	16
	-	-	-	46	60	39
	▲6	▲2	▲3	▲0	▲1	▲3
	-	-	-	-	65	-
	1,582	2,463	1,834	2,509	2,486	2,490
	22	41	29	229	235	182
	332	463	409	1,099	1,205	1,247
	14	19	16	136	97	142
	-	1	-	8	13	4
	3	8	3	35	23	18
	-	35	-	8	84	95
	1,992	3,080	2,395	4,135	4,492	4,466
	1,938	3,009	2,275	3,833	3,973	3,994
	53	71	120	302	519	472
	242.7回	285.6回	304.6回	439.7人	425.0人	456.1人
	3.9人	6.5人	6.6人	9.4人	10.5人	9.4人
	8,208円	10,786円	7,864円	9,404円	10,571円	9,791円
	7,987円	10,536円	7,471円	8,718円	9,350円	8,757円
	379,712円	406,948円	417,942円	261,402円	239,239円	273,114円

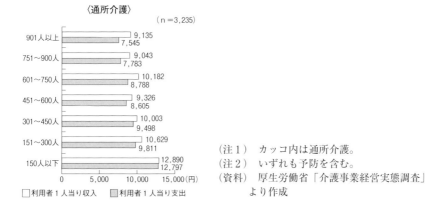

〈通所介護〉 (n=3,235)

(注1) カッコ内は通所介護。
(注2) いずれも予防を含む。
(資料) 厚生労働省「介護事業経営実態調査」より作成

第10章 経営的な観点からみた「医療機関と介護分野」

図表10-6　都道府県別介護費用（受給者1人当り費用額）
[介護予防居宅サービス]

(単位：千円)

	2007年 4月審査分	2010年 4月審査分	2013年 4月審査分	2016年 4月審査分
全　国	**34.2**	**35.7**	**35.8**	**31.9**
北海道	35.6	36.7	35.3	30.7
青森県	34.9	35.5	35.3	30.8
岩手県	34.5	34.9	34.3	30.4
宮城県	33.1	34.3	34.2	29.7
秋田県	32.7	32.8	33.5	28.4
山形県	36.5	36.9	36.7	32.0
福島県	35.2	35.8	35.8	31.3
茨城県	35.3	36.9	36.9	31.7
栃木県	33.8	36.6	36.7	32.4
群馬県	36.1	37.4	37.3	31.5
埼玉県	33.7	35.4	36.5	32.2
千葉県	34.4	36.0	36.0	31.3
東京都	33.1	35.5	36.7	33.3
神奈川県	34.9	36.2	36.5	32.8
新潟県	35.1	36.6	35.9	31.5
富山県	36.5	36.9	35.4	29.4
石川県	37.2	38.1	38.0	32.0
福井県	37.4	39.3	38.4	31.9
山梨県	35.8	36.2	36.1	31.8
長野県	33.6	34.7	34.8	30.7
岐阜県	33.7	34.4	34.2	30.0
静岡県	36.0	36.9	36.6	32.2
愛知県	36.1	36.7	36.8	33.7
三重県	34.0	34.3	33.5	29.9
滋賀県	34.1	35.0	34.1	30.7
京都府	30.0	30.9	31.3	29.5
大阪府	30.8	32.7	33.5	31.9
兵庫県	32.8	34.9	36.9	34.2
奈良県	33.7	36.9	37.6	32.9
和歌山県	31.8	33.2	32.7	30.8
鳥取県	34.8	37.4	38.0	33.7
島根県	35.6	36.1	34.3	31.1
岡山県	36.0	37.4	36.0	32.0
広島県	34.2	36.4	36.3	31.0
山口県	34.7	35.6	34.5	30.3
徳島県	34.9	35.7	35.2	31.5
香川県	36.3	37.2	37.4	32.1
愛媛県	36.1	35.7	35.3	31.0
高知県	33.6	33.0	33.1	29.2
福岡県	34.3	36.9	36.9	32.8
佐賀県	33.9	37.6	37.4	32.7
長崎県	33.7	36.3	36.7	31.9
熊本県	35.5	37.2	37.3	32.2
大分県	34.4	35.8	35.3	29.4
宮崎県	34.3	37.3	36.4	31.6
鹿児島県	35.1	36.0	36.3	31.7
沖縄県	35.8	39.0	39.3	33.7

[地域密着型介護予防サービス]

(単位:千円)

	2007年4月審査分	2010年4月審査分	2013年4月審査分	2016年4月審査分
全 国	128.7	92.9	84.1	79.3
北海道	135.6	97.8	82.4	78.0
青森県	174.9	114.1	102.1	97.1
岩手県	84.0	76.7	78.8	78.8
宮城県	163.0	129.5	102.1	82.6
秋田県	158.0	88.4	80.2	73.1
山形県	124.2	79.1	73.8	73.0
福島県	156.6	93.2	85.7	76.7
茨城県	140.7	120.0	99.8	85.1
栃木県	76.2	82.8	84.2	73.1
群馬県	105.0	88.8	80.0	80.4
埼玉県	159.3	99.8	96.6	92.2
千葉県	120.6	87.0	79.9	76.4
東京都	82.5	74.8	97.7	83.9
神奈川県	130.1	105.3	92.2	81.2
新潟県	81.9	78.3	76.4	73.9
富山県	143.5	85.3	68.3	71.6
石川県	218.4	101.7	79.3	74.1
福井県	92.1	72.3	65.9	69.9
山梨県	257.6	79.7	89.1	89.7
長野県	68.2	80.3	79.1	73.7
岐阜県	138.6	124.0	81.1	79.3
静岡県	129.9	113.8	98.1	85.9
愛知県	137.3	109.5	90.6	90.9
三重県	193.9	85.5	80.2	69.1
滋賀県	53.7	67.2	74.1	73.4
京都府	69.8	72.5	76.0	73.7
大阪府	143.7	80.7	73.3	74.3
兵庫県	109.3	87.8	82.8	73.9
奈良県	87.1	102.3	88.1	84.7
和歌山県	135.2	76.3	91.3	75.5
鳥取県	57.6	70.9	71.8	76.0
島根県	85.1	68.3	74.4	66.4
岡山県	146.8	101.5	82.2	74.0
広島県	135.2	78.7	77.3	75.4
山口県	93.7	89.3	77.4	70.0
徳島県	209.6	112.3	96.2	99.7
香川県	122.7	92.5	84.5	69.8
愛媛県	201.7	128.4	104.2	92.8
高知県	191.8	92.0	91.5	77.5
福岡県	138.0	97.2	87.2	85.8
佐賀県	164.5	114.3	108.5	111.2
長崎県	168.6	106.5	90.6	88.1
熊本県	92.6	75.6	73.8	70.4
大分県	131.2	85.0	80.4	76.8
宮崎県	115.7	102.6	100.9	85.6
鹿児島県	168.3	91.9	89.9	76.3
沖縄県	81.4	64.6	74.6	67.0

[居宅サービス]

(単位:千円)

	2007年 4月審査分	2010年 4月審査分	2013年 4月審査分	2016年 4月審査分
全 国	**106.9**	**120.1**	**123.1**	**126.3**
北海道	84.4	101.0	102.2	104.2
青森県	87.1	111.6	121.5	128.0
岩手県	91.3	104.6	108.7	114.9
宮城県	105.3	116.0	120.4	120.9
秋田県	86.0	111.0	126.9	125.4
山形県	103.1	114.9	117.8	117.8
福島県	100.1	110.2	111.6	113.9
茨城県	99.1	111.4	115.6	118.1
栃木県	106.0	119.8	123.6	127.7
群馬県	111.7	122.9	127.5	132.2
埼玉県	104.2	116.2	120.3	123.3
千葉県	109.3	121.7	123.7	125.1
東京都	116.7	128.4	131.5	133.9
神奈川県	110.4	119.3	119.2	121.7
新潟県	110.2	120.5	123.1	122.8
富山県	106.6	116.3	115.9	118.4
石川県	107.4	120.9	124.2	126.4
福井県	112.5	120.3	120.4	124.4
山梨県	117.4	129.8	132.3	133.9
長野県	106.3	119.4	122.6	124.6
岐阜県	108.9	117.9	119.5	124.4
静岡県	113.0	121.0	122.2	123.7
愛知県	115.8	126.8	132.1	137.3
三重県	109.6	121.0	125.0	131.2
滋賀県	111.4	120.2	120.4	124.1
京都府	99.8	111.5	110.6	112.0
大阪府	109.2	124.4	130.4	136.2
兵庫県	111.8	123.5	128.0	130.9
奈良県	106.6	119.8	120.4	122.2
和歌山県	116.0	126.7	128.4	134.3
鳥取県	109.9	122.6	125.8	130.4
島根県	108.5	115.2	114.2	117.5
岡山県	104.4	117.1	117.6	118.9
広島県	109.9	121.6	121.6	124.2
山口県	101.6	117.2	120.3	123.3
徳島県	98.1	107.5	110.3	118.4
香川県	100.3	117.1	121.7	128.9
愛媛県	91.9	118.6	121.0	123.6
高知県	107.2	121.3	118.4	119.1
福岡県	111.8	122.4	124.7	129.0
佐賀県	112.2	130.0	133.2	140.3
長崎県	105.3	120.4	120.5	120.9
熊本県	107.5	118.1	118.9	123.6
大分県	107.2	125.3	132.9	137.0
宮崎県	109.7	129.8	138.0	145.7
鹿児島県	91.1	113.7	115.1	120.1
沖縄県	129.4	151.5	158.2	164.2

[地域密着型サービス]
(単位:千円)

	2007年 4月審査分	2010年 4月審査分	2013年 4月審査分	2016年 4月審査分
全 国	**224.0**	**222.4**	**230.2**	**233.6**
北海道	240.7	240.3	239.5	232.3
青森県	245.0	249.1	255.7	252.5
岩手県	213.4	220.5	236.3	239.7
宮城県	219.1	222.0	237.1	238.9
秋田県	234.1	235.3	240.7	239.5
山形県	208.1	212.2	222.8	226.9
福島県	202.5	207.9	222.4	227.5
茨城県	245.4	245.6	249.1	248.3
栃木県	211.3	215.2	234.9	241.6
群馬県	242.7	235.9	238.9	241.0
埼玉県	231.7	235.2	245.6	241.2
千葉県	229.2	230.1	240.3	243.9
東京都	170.0	164.6	183.0	202.9
神奈川県	230.2	221.1	219.6	225.7
新潟県	187.0	209.2	225.8	231.7
富山県	227.2	210.4	211.1	224.6
石川県	248.1	241.2	240.9	240.7
福井県	198.3	201.9	210.7	216.0
山梨県	235.3	223.0	242.6	250.5
長野県	175.1	196.3	218.7	230.1
岐阜県	236.2	235.0	237.6	241.5
静岡県	199.5	209.9	222.0	228.4
愛知県	231.3	227.7	237.8	242.8
三重県	235.8	226.0	232.6	239.3
滋賀県	184.2	194.7	209.5	225.4
京都府	195.5	188.0	197.0	207.5
大阪府	237.9	228.3	241.9	242.8
兵庫県	214.4	219.6	231.2	236.2
奈良県	236.4	233.6	238.9	231.0
和歌山県	227.7	229.6	240.4	243.5
鳥取県	211.2	212.4	217.3	221.4
島根県	210.3	210.6	219.9	225.7
岡山県	243.0	237.9	243.2	242.7
広島県	231.1	227.9	234.9	237.4
山口県	205.4	211.1	221.1	225.6
徳島県	245.4	251.4	250.2	253.4
香川県	230.4	222.7	225.5	231.1
愛媛県	252.5	244.3	247.4	246.3
高知県	248.1	239.0	240.4	236.5
福岡県	240.1	234.9	243.7	243.5
佐賀県	240.8	231.7	238.1	232.6
長崎県	247.0	241.8	240.5	234.0
熊本県	227.6	220.9	224.0	232.8
大分県	214.8	218.5	226.1	227.3
宮崎県	248.8	245.2	243.5	238.1
鹿児島県	242.5	232.8	238.9	240.4
沖縄県	197.1	220.9	235.6	235.3

第10章 経営的な観点からみた「医療機関と介護分野」

[施設サービス]

(単位:千円)

	2007年 4月審査分	2010年 4月審査分	2013年 4月審査分	2016年 4月審査分
全 国	**286.7**	**296.7**	**296.1**	**290.8**
北海道	292.8	299.5	296.3	288.6
青森県	282.2	296.9	296.0	289.6
岩手県	278.9	290.9	293.2	289.2
宮城県	276.1	289.3	289.5	284.4
秋田県	276.7	289.1	290.2	282.7
山形県	270.8	283.8	284.9	278.2
福島県	275.1	285.8	287.9	282.1
茨城県	274.0	282.6	285.6	281.0
栃木県	279.4	290.7	294.1	286.1
群馬県	275.4	286.8	291.2	284.3
埼玉県	282.6	287.8	291.4	286.6
千葉県	279.4	290.3	291.3	287.9
東京都	296.1	308.9	309.5	306.1
神奈川県	291.4	299.8	299.8	298.3
新潟県	285.2	296.4	295.2	288.0
富山県	296.2	308.6	308.3	306.2
石川県	290.5	295.3	295.3	287.6
福井県	283.0	293.2	294.1	288.7
山梨県	270.3	285.3	286.2	280.6
長野県	279.0	290.0	289.8	283.1
岐阜県	273.9	283.5	281.6	280.4
静岡県	284.6	294.6	292.4	286.1
愛知県	286.4	294.9	295.2	290.8
三重県	279.7	290.4	291.8	287.2
滋賀県	285.6	294.4	290.8	289.1
京都府	298.3	312.1	309.2	304.7
大阪府	295.0	302.2	301.7	296.5
兵庫県	287.5	297.7	295.8	291.8
奈良県	276.6	287.6	287.5	284.6
和歌山県	284.3	294.3	289.5	286.3
鳥取県	276.8	294.6	298.3	293.4
島根県	282.2	291.5	293.9	288.8
岡山県	279.5	291.4	289.8	285.4
広島県	288.8	300.2	299.0	293.1
山口県	295.5	306.0	299.9	290.6
徳島県	296.2	301.5	298.9	292.8
香川県	277.3	291.4	288.1	284.2
愛媛県	288.2	299.9	298.5	288.5
高知県	309.9	318.1	315.5	303.9
福岡県	294.6	304.9	301.7	293.8
佐賀県	289.8	299.3	299.5	291.0
長崎県	280.4	291.0	289.4	281.9
熊本県	297.9	305.0	301.8	298.8
大分県	280.4	291.1	291.0	284.9
宮崎県	288.8	300.4	293.5	284.0
鹿児島県	282.8	294.2	292.5	286.2
沖縄県	280.4	293.9	293.3	286.1

(注1) 受給者1人当り費用額＝費用額／受給者数
(注2) 費用額とは審査月に原審査で決定された額であり、保険給付額、公費負担額および利用者負担額（公費の本人負担額を含む）の合計額である。市区町村が直接支払う費用（償還払い）は含まない。
(資料) 厚生労働省「介護給付費等実態調査」より作成

なかでの高齢者などに対する受け皿としてどのように機能していくか、という点は重要になってくるだろう。

介護単体の事業者がこの領域における需要について十分な対応ができれば問題はないのだが、実際には個々の事業者の規模が小さく、同時に出自が異なることもあって、これらが統合されていくことは困難である。

一方、医療機関側は一つの事業体としてリソースをまとめあげる力をつけていくことが可能な位置づけにある。個々の収益性は医療と比べると限定的なのだが、その地域の需要にグループとしてどう対応するか、という側面と、マグネット的に人材を集める素養が医療機関自体にはあることを考えると、病院と介護系の事業所のオペレーション上の違い、組織体系の違い等の留意点は多々あるものの、一定の対応を行っていくことに合理性はあるのではないだろうか。

特に人材的な意味でリソースが限られているエリアで、かつすでにそうした分野への目配せも行っている事業者については、住まいへの対応含め、当該分野への対応も真摯に検討していく必要性が今後増していくものと思われる。

さらにもう1点加えるのであれば、やはり**医療機能・病床機能を最終的に有していることが、さまざまな在宅医療や介護展開のバックアップとして安心材料になること**であろう。ただし、繰り返しになるが、手張り過ぎてもバランスを崩すし、またその価値を医療機関内で適切に位置づけることは容易ではない。ゆえに、本章でも一端を紹介したように、地域状況や自院の特徴・リソースを適切に把握しつつ、事業展開を行っていくことが重要になる。

また、そうした動きに対して、**金融機関も医療・介護の事業性の違いなどをしっかりと把握しつつ、どのようなサポートができるかを考えていくことが必要**である。

おわりに

　ここまで事業性評価の観点を、各章末ごとに記載してきたので、最後にある程度の方向感をまとめておくこととしたい。
　ポイントを列記していくと、以下のようなかたちとなる。

【課題・ニーズ見極めのためのポイント】
1．収入：何が増収を支えているのかを「個々の医療機関」に即して考えてみる。
　① 在院日数短期化や手術増に伴う「単価増」要因が大きいか。
　② 「患者数の（維持および）増加」という要素が大きいか。その理由は何か。
　③ 「外来」はどのような状況か。伸びている場合、その牽引役は何か。
2．制度：事業性評価の制約条件である制度動向に対応した医療機関の対応可能性の把握。
　① さまざまな施設やスタッフの、全国レベルでみた際の当該地域の濃淡を把握しておく。
　② 「地域医療構想」における当該病院の機能の位置づけを把握する。
　③ 「地域包括ケアシステム」の観点からみて、その医療機関のグループで有する機能はどの程度の役割を果たしうるか、を把握する（同時に、①・②の観点を主体に、その医療機関の特徴を見極めておく）。
3．競合：その医療機関にとっての競合状況を単純化せず、ある程度可視化していく。
　① 身近な範囲では、診療科別の競合状況をしっかりと考える。
　② 同時に個別診療科の勝ち負けだけでなく、病院自身の「総合力」も判断をしていく。
　③ 広域における需給環境はどのようなかたちになっているか、も相場観をもっておく。

4．コスト：医療機関のコストは、純粋な「材料」などではなく、収益の源であることを理解したうえで分析を行う。
　① 医療機関の置かれているステージをしっかりと見極める（何をベンチマークとすべき病院か、をしっかりと見極める）。
　② 繰り返しになるが、「コスト」は「収益の源である」という観点から「必要なものを削る」方向にはいかないよう意識をする。
　③ そのうえで、「全体動向」と当該病院の比較や、中長期の投資時のコスト組立てを判断しつつ、冷静な分析を行う。
5．設備投資：経営者が設備投資をハンドリングするうえで必要な以下観点を補完する方法を考えていく。
　① その投資により何を実現していくか、という中長期でのパースペクティブ。
　② そのうえで、プラクティカルに、長期・短期のバランスをもった設備投資の配分を考える。
　③ 専門家も含めた外部との関係構築／人材育成。

【持続的成長を可能とする経営要素の評価】

6．経営力：以下のような医療経営の根幹となる定性的要素もしっかりと評価していく。
　① このフィールドでの事業展開という経験やその承継という要素、特に時間感覚。
　② 同じく分野特有の「専門性」に関するハンドリング・ノウハウ。
　③ 設備投資という医療そのものの本質と若干異なる点への感覚。
7．経営管理：計数管理の根幹となる以下の組織内の体制等もしっかりと評価していく。
　① 数字を管理し、還元していく際のポリシー。
　② 管理した数字を経営に落とし込む際のノウハウ。
　③ 上記を実践する管理スタッフの存在（とその努力）。

こうしてまとめてみると、いわゆる「企業審査」の基礎となるような話ばかりが並ぶかたちになるかと思う。と同時に、医療機関の一種の「クセ」に対する目線感も少しずつ含まれているだろう。ここで記載したような項目すべてを網羅した「提案」はむずかしいと思うが、提案の裏側で、各々のポイントに対する目線感をもったかたちで作業ができているか、確認材料として活用してもらえればとも思う。

　まとめてみると比較的シンプルなこうした事柄を、ある程度リアリティをもって感じていただくために一冊の本として整理したつもりであり、それがうまく成功していれば、と願う次第である。

　医療経営に大きな変化が起こっている現況において、船を漕ぐオールは「経営力」であると筆者は考えている。そしてその「経営力」を発揮する事業主体としての医療機関およびスタッフの方々の日々の努力こそが重要である。そうした努力に対応するかたちで、金融機関が「事業性評価」をふまえた付加価値のあるサービス提供をしていくことができれば、より力強いかたちで事業展開を行っていくことが可能ではないか、と思う次第である。

　最後に幾つか謝辞を記させていただく。本書をおおむね書き終えた後、幾つかの医療法人の方々にお話を伺いに行った。どうしても仮説にとどまってしまう部分があるのではないか、という箇所が何カ所かあったからである（主には第7章や第10章に関連する部分である）。具体的には、大谷晋治様（社会医療法人正志会）、鶴田光樹様（医療法人愛誠会）、八反丸哲史様（医療法人慈圭会）、前田宏様および伊東公秀様（社会医療法人恒心会）、松波秀寿様（社会医療法人蘇西厚生会）、三田明外様（医療法人生寿会）といった方々（50音順）である。お話をさせていただいた内容をインタビュー原稿のように活用することはあえてしていないのだが、最後本書をまとめていくうえで大変参考になったことを心から感謝申し上げたい。

　本書が、医療機関でマネジメントを担う次世代の方々にも届くことを願いつつ。

2017年3月　　　　　　　　　　　　　　　　　　　　　青山　竜文

【著者略歴】

青山　竜文（あおやま　たつふみ）

株式会社日本政策投資銀行　産業調査部課長
1972年生まれ。1996年東京大学経済学部卒。同年日本開発銀行（現・日本政策投資銀行）入行。2005年米国スタンフォード大学経営大学院留学（経営工学修士）を経て、2006年よりヘルスケア向けファイナンス業務立ち上げに参画し、以降同分野向け業務に従事。著書に『KINZAIバリュー叢書　再投資可能な医療──医療機関経営とファイナンス』（金融財政事情研究会）。また同行による刊行物としては『医療経営データ集』（日本医療企画）等がある。

医療機関の経営力──事業性評価の基礎

平成29年3月30日　第1刷発行

著　者　青　山　竜　文
発行者　小　田　　　徹
印刷所　株式会社日本制作センター

〒160-8520　東京都新宿区南元町19
発　行　所　一般社団法人 金融財政事情研究会
　　　編 集 部　TEL 03(3355)2251　FAX 03(3357)7416
販　　売　株式会社きんざい
　　　販売受付　TEL 03(3358)2891　FAX 03(3358)0037
　　　URL http://www.kinzai.jp/

・本書の内容の一部あるいは全部を無断で複写・複製・転訳載すること、および磁気または光記録媒体、コンピュータネットワーク上等へ入力することは、法律で認められた場合を除き、著作者および出版社の権利の侵害となります。
・落丁・乱丁本はお取替えいたします。定価はカバーに表示してあります。

ISBN978-4-322-13066-9